中国地质大学(武汉)实验教学系列教材
中国地质大学(武汉)实验教材项目资助(SJC-202217)
中国地质大学(武汉)本科教学工程立项项目(课程思政项目)(ZL 202019)

高校实验室安全通识教育

GAOXIAO SHIYANSHI ANQUAN TONGSHI JIAOYU

公衍生　龚成　王赟　韩涛　编

内 容 简 介

本书重点围绕教育部实验室安全检查条款,系统和有针对性地介绍高校实验室安全的基本知识和必备技能,旨在提高从业人员的实验室安全意识和技能水平。书中还配有安全文化建设所需的安全知识课件、常见的安全标识,以及危险化学品 MSDS 信息,便于实时查阅和学习。全书编写简明、易懂,兼具理论知识和实操技术,主要包含了 7 个方面内容:水电安全、消防安全、化学品安全、用气安全、设备安全、辐射安全和实验室常见防护用品的选择与使用。

本书适合用作化学、材料和生物大类等相关专业院校的本科生、研究生教材,也可供科研机构、企业等对实验室相关人员进行安全教育及用作岗前教育培训资料,同时也可供相关领域的管理人员阅读参考。

图书在版编目(CIP)数据

高校实验室安全通识教育/公衍生 等编. —武汉:中国地质大学出版社,2024.1
ISBN 978-7-5625-5757-9

Ⅰ.①高… Ⅱ.①公… Ⅲ.①高等学校-实验室管理-安全教育 Ⅳ.①G642.423

中国国家版本馆 CIP 数据核字(2024)第 021012 号

高校实验室安全通识教育　　　　　　　　　　　　　　公衍生　龚成　王赟　韩涛 编

责任编辑:武慧君　　　　　　选题策划:武慧君　　　　　　责任校对:何澍语

出版发行:中国地质大学出版社(武汉市洪山区鲁磨路388号)　　邮编:430074
电　　话:(027)67883511　　传　　真:(027)67883580　　E-mail:cbb@cug.edu.cn
经　　销:全国新华书店　　　　　　　　　　　　　　　　　http://cugp.cug.edu.cn

开本:787 毫米×1 092 毫米　1/16　　　　　　　字数:195 千字　　　印张:8
版次:2024 年 1 月第 1 版　　　　　　　　　　　印次:2024 年 1 月第 1 次印刷
印刷:武汉市籍缘印刷厂

ISBN 978-7-5625-5757-9　　　　　　　　　　　　　　　　　　　定价:32.00 元

如有印装质量问题请与印刷厂联系调换

前　言

高校实验室是开展教学、科研活动的重要场所,是人才培养和科研创新的前沿阵地。然而,实验室安全问题一直是学校和科研机构所面临的重要问题之一。近年来,实验室安全事故屡有发生,对学生和其他研究人员造成了威胁。如何采取有效的安全管理措施以减少和预防安全事故,是当前和今后实验室工作的重中之重。因此,加强实验室安全管理,丰富进入实验室的学生和研究人员的安全知识,提高他们的安全意识,提升他们的安全技能,是当前必须重视和迫切解决的问题。

本书旨在为进入实验室的学生和研究人员提供全面的实验室安全知识和技能培训。重点结合教育部办公厅发布的实验室安全检查条款,系统且有针对性地提高学生和研究人员的实验室安全意识与技能水平。同时,本书还配有安全文化建设所需的安全知识课件、常见的安全标识,以及危险化学品 MSDS 信息,使学生和研究人员能够更全面地掌握实验室安全知识和技能。

笔者参考了大量的相关资料和研究成果,并对书稿进行多次修改和完善,力求使本书的内容更加全面、系统、实用。全书由 8 章和附录组成。第 1 章主要介绍了实验室安全教育的必要性和重要性,第 2~7 章分别从水电安全、消防安全、化学品安全、用气安全、设备安全和辐射安全方面讲述了实验室常见的危险源和对应安全使用方法及防护措施、规范化管理方法,第 8 章从安全防护用品角度系统介绍了安全防护用品的合理选择及使用。最后,附录提供了常见安全隐患的知识讲解课件、易制毒易制爆化学品名录、常见危险化学品的 MSDS 信息、高等学校实验室安全规范和常见实验室安全标识,师生可根据实际需求灵活选择学习。

本书由公衍生和龚成确定编写大纲,第 1、2、7、8 章由王赟和韩涛共同编写,第 3、4、5、6 章和附录由公衍生和龚成共同编写,并由公衍生和龚成完成统稿。书中引用了国内部分学者的研究成果及网络素材,同时也综合了相关同行老师提出的宝贵意见,难以一一联系致谢,在此一并表示感谢。本书的出版得到了中国地质大学(武汉)实验教材项目(SJC-202217)以及中国地质大学(武汉)本科教学工程立项项目(课程思政项目)(ZL 202019)的资助,在此特别表示感谢!

最后,衷心感谢中国地质大学出版社对出版本书的支持。由于编者水平所限,书中难免有疏漏和不妥之处,希望同行专家和广大读者批评指正。

编者
2023 年 12 月

目 录

第 1 章 绪 论 ……………………………………………………………………………… (1)
  1.1 安全教育的重要性和迫切性 ………………………………………………………… (1)
  1.2 实验室可能存在的安全隐患 ………………………………………………………… (2)
  1.3 建立完整的实验室安全教育体系的必要性 ………………………………………… (2)

第 2 章 水电安全 …………………………………………………………………………… (4)
  2.1 用水安全 ……………………………………………………………………………… (4)
  2.2 用电安全 ……………………………………………………………………………… (5)

第 3 章 消防安全 …………………………………………………………………………… (9)
  3.1 火灾的分类和常见隐患 ……………………………………………………………… (9)
  3.2 消防器材的选择与使用 ……………………………………………………………… (10)
  3.3 消防应急处理 ………………………………………………………………………… (12)

第 4 章 化学品安全 ………………………………………………………………………… (13)
  4.1 化学品的分类、危害及标识标签 …………………………………………………… (16)
  4.2 化学品的购买、储存及使用 ………………………………………………………… (26)
  4.3 废弃物的分类、收集储存及处置 …………………………………………………… (32)

第 5 章 用气安全 …………………………………………………………………………… (41)
  5.1 气体类别和危险特性 ………………………………………………………………… (42)
  5.2 气体的安全使用 ……………………………………………………………………… (43)

第 6 章 设备安全 …………………………………………………………………………… (45)
  6.1 仪器设备使用要求 …………………………………………………………………… (49)
  6.2 机械设备的使用 ……………………………………………………………………… (49)
  6.3 特种设备的使用 ……………………………………………………………………… (50)
  6.4 加热设备的使用 ……………………………………………………………………… (51)
  6.5 制冷设备的使用 ……………………………………………………………………… (51)

第 7 章 辐射安全 …………………………………………………………………………… (52)
  7.1 辐射基础知识 ………………………………………………………………………… (54)

7.2 辐射安全防护 …………………………………………………………………… (55)

第 8 章 实验室常见防护用品的选择与使用 …………………………………… (57)

8.1 头面部防护 …………………………………………………………………… (58)

8.2 身体防护 ……………………………………………………………………… (60)

8.3 应急装备 ……………………………………………………………………… (62)

主要参考文献 ……………………………………………………………………… (69)

附　录 ……………………………………………………………………………… (72)

附录 1　补充资料 ………………………………………………………………… (72)

附录 2　易制毒易制爆化学品名录 ……………………………………………… (73)

附录 3　常见危险化学品的 MSDS ……………………………………………… (83)

附录 4　高等学校实验室安全规范 ……………………………………………… (113)

附录 5　常见实验室安全标识 …………………………………………………… (118)

第1章 绪 论

1.1 安全教育的重要性和迫切性

一流的国际化人才,不仅要具备国际化的视野,同时也必须具备对生命、健康和环境的尊重和保护意识,这样才能科学决策、统筹规划,成为21世纪社会主义现代化事业的合格建设者。安全教育这一工作,不仅关乎个体的生命健康,更关乎国家的未来发展方向。

20世纪80年代,乌克兰切尔诺贝利核电站核泄漏事故的阴影尚未散去,2011年日本福岛核电站又因大地震引发核泄漏,时至今日全球海域仍在遭受核污染的威胁。不论身处哪个年代,人们心中的安全警钟都应长鸣。

如果我们认为核污染离普通人的生活很远,那么2015年天津化工厂的爆炸声响是否犹在耳边?2020年浙江温岭槽罐车突发的剧烈爆炸是否真实地震慑心灵?报道称,槽罐车爆炸时一辆汽车被爆炸气体弹到空中,方圆几百米内的居民设施和公共设施瞬间沦为一片瓦砾。更有专家认为,此次爆炸比巡航导弹产生的威力还要大。

危险化学品在普通人的生活中越来越多。身处高校实验室的你我,更是各类危险源的近距离接触者。近年来各地高校实验室危险事故频发,有中毒者、失明者、烧伤者,更有甚者为此付出了生命代价。这些悲剧的发生,无不令人扼腕叹息。2018年12月,北京某大学一间实验室在进行垃圾渗滤液污水处理科研实验时发生爆炸,3名学生遇难;2017年3月,上海某大学一间化学实验室发生爆炸,1名学生的手部受伤;2016年1月,北京某大学一间化学实验室突然起火,所幸现场无人员伤亡;2009年7月,浙江某大学化学系1名博士研究生一氧化碳中毒昏厥在实验室,经抢救无效死亡;2009年12月,某高校机械工程系学生在基础工业训练中心做实验时,电阻坩埚熔化炉内的金属液体意外飞溅,导致多名人员受到不同程度的烫伤;2009年10月,北京某大学实验室发生爆炸,导致5人受伤……

虽说"亡羊而补牢,未为迟也",但是惨烈的事故一旦发生,纵然倾尽财力与人力去救援,也很难挽回产生的损失,更不能让宝贵的生命重来。人类虽是伟大的创造者,但在灾害面前只有渺小的血肉之躯。自然灾害纵然不可避免,但人为灾害本不应该存在。痛定思痛,反思过后,我们可以通过加强安全教育,提升自身安全意识,将事故消灭在萌芽状态,使伤害消除或降到最低。

1.2　实验室可能存在的安全隐患

我国著名的物理学家冯端说过:"实验室是现代化大学的心脏"。我国高等院校几乎都设有实验室。科技的进步依赖于实验室新材料、新技术的开发,与此同时,这又使得高校实验室安全管理面临巨大挑战。随着教学科研活动的日益频繁,实验室的安全隐患时常会在不经意间出现。得益于多年来坚持开展实验室安全督察、检查工作,多种安全隐患可以被提前发现。虽然通过整改,我们能将大部分隐患消灭于无形,但仍不能放松警惕片刻。在高校实验室存在的安全隐患中,化学品的安全问题尤为突出,危险化学品的收集、存储、运输过程是实验室安全管理中最难实施防控的(图1.1)。另外,消防及安全设施的问题至今在许多高校中仍存在:有的设施未按标准安装到位,有的安装了却未定期巡检,有的甚至并未启用。再者,水电安全问题、辐射安全问题以及设备使用安全问题等均时有发生。

图1.1　某高校实验室化学品标识不明、胡乱堆放

1.3　建立完整的实验室安全教育体系的必要性

不同高校的实验室虽然对应的学科各不相同,安全规范的侧重点也有所差别,但却具备一定的共同特征:学生是实验的主体人员,实验人员在实验室内集中,室内存放大量仪器设备。部分高校实验室存放大量化学品,尤其是危险化学品,更有种种可能具有安全隐患(辐射、高压、强磁等)的设备存在。尽管实验室安全问题的提出由来已久,但时至今日各类安全事故的频发说明安全教育工作仍然需要作为一项重要工作常抓不懈。大量的事实表明,大部分安全事故都是因为相关人员的疏忽而造成的,根源在于实验人员和管理人员还没有树立起真正的安全意识。在日益提倡重视生命安全的今天,如果不重视实验室安全、不对实验人员加强安全教育,那么,实验过程中的操作失误就极有可能引发安全事故,甚至危害生命。安全意识一刻也不能放松,熟练掌握实验室安全知识应成为实验人员进入实验室前的必要条件。

实验室安全教育应成为大学生素质教育的重要内容之一,这也是维护校园安全、营造和谐校园的重要措施。在我国高校和学科快速发展之际,一定不能让实验室安全问题成为学科建设的掣肘。

令人欣喜的是,党的十八大以来,全国各个高校认真学习贯彻习近平总书记关于安全生产的重要论述和重要指示精神,严格落实教育部关于加强实验室安全工作部署要求,着力在完善责任体系、健全规章制度、强化教育培训、加强风险管控、抓好常态检查上下功夫,在一定程度上避免了一些安全事故的发生,取得了较显著的成效,切实保障了广大师生生命健康安全。特别是自2015年以来,教育部每年组织开展高校实验室安全现场检查工作,通过部署安全专项行动,紧盯安全薄弱环节,坚决防范和遏制安全事故的发生;结合国家安全日教育,开展警示教育和典型宣传活动,进一步提高师生的安全意识,形成了安全长效机制,并总结出了包含303条检查要点的《高等学校实验室安全检查项目表》。

本书将紧紧围绕教育部总结的实验室安全检查条款,重点从水电安全、消防安全、化学品安全、用气安全、设备安全以及辐射安全六大方面进行系统论述,并介绍实验室常见防护用品的选择与使用方法,旨在为进入实验室的人员提供基本的安全通识学习资料,消除由于学习和准备不足导致的各种安全隐患。

第 2 章　水电安全

在高校实验室中,各种用水、用电设备越来越多,用水、用电规模也越来越大,尤其是用电设备数量繁多,存在着各类潜在风险。保证实验室水电安全是保证实验室安全的最基本要求,如果缺乏用水、用电安全知识和技能,违反规定操作,就有可能发生人体触电或电气火灾等事故,导致人员伤亡或设备损坏,造成重大损失。

针对水电安全,教育部的管理和检查要求如表 2.1 所示。

表 2.1　高等学校实验室水电安全检查项目表

检查项目	检查要点
实验室用电安全应符合国家标准(导则)和行业标准	①实验室电容量、插头插座与用电设备功率须匹配,不得私自改装。 ②电源插座须有效固定。 ③电气设备应配备空气开关和漏电保护器。 ④不私自乱拉乱接电线电缆,禁止多个接线板串接供电,接线板不宜直接置于地面。 ⑤禁止使用老化的线缆、花线、木质配电盘、有破损的接线板,电线接头绝缘可靠,无裸露连接线,穿越通道的线缆应有盖板或护套,不使用老国标接线板。 ⑥大功率仪器(包括空调等)使用专用插座(不可使用接线板)。 ⑦电器长期不用时,应切断电源。 ⑧配电箱前不应有物品遮挡并便于操作,周围不应放置烘箱、电炉、易燃易爆气瓶、废液桶等,配电箱的金属箱体应与箱内保护零线或保护地线可靠连接
给水、排水系统布置合理,运行正常	①水槽、地漏及下水道畅通,水龙头、上下水管无破损。 ②各类连接管无老化破损(特别是冷却冷凝系统的橡胶管接口处)。 ③各楼层及实验室的各级水管总阀须有明显的标识

2.1　用水安全

部分实验会用到水。用水安全问题往往较为隐蔽,无法引起足够重视,但如果对水路、阀门等问题不够重视,在使用过程中也可能会导致事故发生,轻则实验室积水或被淹,造成实验室财产损失,重则甚至引发用电安全问题,对人身造成伤害。日常工作中应注意以下几个方面,避免大多数实验室中容易发生的用水事故。

(1)观察并知悉实验室各级自来水上下水阀门的位置。一旦有问题发生,应能及时关闭阀门。

(2)实验室发生漏水或排水不畅时,及时上报修理或疏通。

(3)离开实验室时应检查是否有未关闭的自来水龙头。

(4)特殊季节注意水管的老化、受冻爆裂等问题。

(5)向水池中倾倒废水时,注意低浓度废水或无害废水可直接倒入,危险化学品的废液须按危险废物处置,不能直接倒入下水道。

2.2 用电安全

高校实验室中的电气设备与普通办公室的有明显区别。电气设备的配置、仪器的安装和使用都有特殊的要求与规范。实验室中的设备故障、电器着火、人身触电等大多是由电气设备的配置不当和实验人员对仪器的使用不当引起的。因此,实验室的电气设备配置和仪器使用安全非常重要。

2.2.1 常见的电气事故

高校实验室的电气事故会引发火灾或触电事故,造成人身伤害和财产的重大损失。实验室中常见的电气事故包括触电事故、静电事故和雷电事故等。

1. 触电事故

发生触电事故时,应立即关闭电源或借助绝缘物体使触电者脱离带电体,切不可直接去拉触电者(使触电者尽快脱离带电体是成功急救的关键)。

伤害不太严重时,让触电者静卧休息,不要走动。伤害严重时,若触电者无呼吸、无心跳,应立即进行人工呼吸,并寻求医护人员的帮助;有呼吸、心脏跳动停止者,应立即采用胸外心脏按压技术救治,并寻求医护人员的帮助。伤害非常严重时,需要进行人工呼吸并采用胸外心脏按压技术救治,同时寻求医护人员的帮助。

注意:做人工呼吸要有耐心,尽可能坚持抢救4h以上,如需要送医院,途中不能中断急救措施。人工呼吸和胸外心脏按压抢救是第一位的急救方法,任何药物都不能代替。此外,还应慎重使用肾上腺素。

2. 静电事故

静电会引燃易燃气体,从而导致爆炸燃烧、电击伤人、精密仪器设备损坏等事故发生。针对静电危害,要做好以下几项防护措施。

（1）铺设防静电区地面时不要使用塑料地板、地毯或其他绝缘性好的材料，要选用导电性较好的材料。

（2）在易燃易爆场所，应穿防静电工作服、防静电鞋，戴防静电手套，不要穿丝绸、化纤或其他高绝缘衣料制作的衣物。

（3）减少摩擦，减少静电的产生。

（4）增大工作场所的空气湿度、地面湿度，以减少静电积累。

（5）高压带电体应采取静电屏蔽措施，以防人体产生感应静电。

3. 雷电事故

雷电具有电流大、电压高、冲击性强等特点，会造成建筑物、设备的巨大破坏和人身严重伤害。针对雷电危害，要做好以下几项防护措施。

（1）打雷时不使用固定电话、手机及电脑等电器。

（2）雷雨天勿接触天线、铁丝网、金属门窗、建筑物外墙，远离电线等带电体或其他金属装置，不在树下避雨，不触摸防雷导线。

（3）打雷时不穿潮湿衣服，不靠近潮湿墙壁，应站在干燥的位置。

（4）打雷时及时关闭用电设备和仪器，同时拔掉电源插头，停止正在进行的带电实验工作，及时关好门窗（防止球形雷窜入室内造成破坏）。

（5）采用技术和质量符合国家标准的防雷设备、器材，禁止使用不符合国家标准的设备、器材。

（6）注重防范雷电教育工作，增强实验人员的防雷电意识和能力。

（7）对各种防雷击设施要定期检查，雷雨后要及时做好防雷设施维护。

（8）单位应设有防雷击责任人，负责防雷击安全工作。

2.2.2 实验室安全用电规定

实验室用电须严格遵守用电规范，从电气线路到用电设备再到接线板，都应注意用电安全，以保证人身财产安全。实验室用电应遵守以下用电规范。

1. 电气线路安全

实验室电气线路主要为室内低压配线，其用电规范主要包括以下几种。

1）配送电系统
- 实验室建设时要全面规划用电负荷需求，正确设计方案，容量留有余地；
- 不使用过期的配电盘或配电柜；
- 不使用木质配电盘；
- 提倡使用带漏电开关的配电盘。

2）供电线路
- 不使用老化电线；

- 不乱拉、乱接电线；
- 供电线路容量与电气设备功率相匹配，不超载运行；
- 新置大功率用电设备（10kW以上），必须提前向相关单位申请批准，以保障供电系统的安全；
- 供电线路的安装要符合国家安全标准，禁止私自改接电气线路、乱拉临时用电线路；
- 电线接头绝缘可靠，无裸露连接线，地板上的导线应有盖板或护套；
- 非电气施工专业人员切勿擅自拆、改电气线路；
- 定期检测所有供电线路的绝缘状况，发现存在绝缘缺陷时，应将设备断电，对线路绝缘缺陷进行修理或更新供电线路。

2. 用电设备及接线板安全

1）用电设备
- 使用的电气设备要符合安全标准；
- 新购置的电气设备使用前必须进行全面的安全检查，确认没问题并将设备的金属外壳接地线后（不能接地线的设备除外）再使用；
- 使用电气设备之前应详细阅读使用说明书，严格按照操作规程使用；
- 电气设备要保持清洁、干燥；
- 当手、脚或身体其他部位沾湿或站在潮湿的地板上时，切勿触动电源开关、触摸电气设备；
- 切勿带负荷插、拔电气设备电源；
- 高压电容器用完后要及时放电；
- 禁止从实验室接电线给电动自行车、电动摩托车、电动汽车等非实验用交通工具充电，或在实验室对它们的电池进行充电；
- 使用电炉（指有许可证的小型盘式电炉）、电烙铁、电吹风等电热设备时须谨慎小心，使用后及时切断电源；
- 使用加热炉、烘箱时，必须确认自动控温装置可靠，同时还须人工定时检测温度，以免温度过高；
- 电热设备（如烘箱、高温炉、微波炉、电磁炉、饮用水加热器、灭菌锅等）的放置地点应远离易燃易爆物品、气体钢瓶等；
- 电热设备运行期间，必须随时监视，保证使用安全，避免饮用水加热器、灭菌锅、水浴锅等无水干烧；
- 合理选择供电系统保护，包括各种过流保护、短路保护、漏电保护；
- 实验结束，离开实验室前，除连续工作的设备外，应关闭所有的仪器设备电源（分闸及总闸）。

2）接线板
- 必须使用符合新国标的接线板；

- 禁止将多个接线板串联使用，以免因接线板过载而引发事故；
- 禁止多个大功率设备共同使用一个接线板；
- 提倡使用有短路、过载保护器的接线板；
- 接临时电源要用合格的电源插头、插座，有损坏的不能使用；
- 电源插座不宜安装在水槽边，若确有需要，应增设防护挡板或防护罩。

第 3 章　消防安全

实验室人员应树立安全防范意识,掌握消防知识,严格遵守实验室管理规定,禁止在实验室内吸烟或违规使用电器。实验前应认真检查实验设备的安全性能,发现电线及设备等容易引发火灾的设施存在故障时应及时排查。使用易燃易爆的化学品时,要严格按照规范进行领取、存放。应了解灭火器材的种类、使用方法、存放位置,熟悉楼栋紧急疏散通道,一旦发生火灾,能及时扑救或逃离。

针对消防安全,教育部的管理和检查要求如表 3.1 所示。

表 3.1　高等学校实验室消防安全检查项目表

检查项目	检查要点
实验室应配备合适的灭火设备,并定期开展使用训练	①烟感报警器、灭火器、灭火毯、消防砂、消防喷淋等,应正常有效、方便取用。②灭火器种类配置正确,且在有效期内(压力指针位置正常等),安全销(拉针)正常,瓶身无破损、腐蚀
紧急逃生疏散路线通畅	①在显著位置张贴紧急逃生疏散路线图,疏散路线图的逃生路线应有两条(含)以上,路线与现场情况符合。②主要逃生路径(室内、楼梯、通道和出口处)有足够的紧急照明灯,功能正常,并设置有效标识指示逃生方向。③人员应熟悉紧急疏散路线及火场逃生注意事项(现场调查人员熟悉程度)

3.1　火灾的分类和常见隐患

由中华人民共和国公安部提出的国家标准《火灾分类》(GB/T 4968—2008)采用了 ISO 3941:2007《火灾分类》(英文版)中提及的分类方法,并在此基础上进行了修改。

根据可燃物的类型和燃烧特性将火灾定义为 6 个不同的类别,如表 3.2 所示。

表 3.2 火灾的分类

火灾类别	详情描述
A 类火灾	固体物质火灾:这种物质通常具有有机物性质,一般在燃烧时能产生灼热的余烬,如木材、棉、毛、麻、纸张火灾等
B 类火灾	液体或可熔化的固体物质火灾:如汽油、煤油、柴油、原油、甲醇、乙醇、沥青、石蜡火灾等
C 类火灾	气体火灾:如煤气、天然气、甲烷、乙烷、丙烷、氢气火灾等
D 类火灾	金属火灾:如钾、钠、镁、钛、锆、锂、铝镁合金火灾等
E 类火灾	带电火灾:物体带电燃烧的火灾,如发电机房、变压器室、配电间、仪器仪表间和电子计算机房等在燃烧时不能及时或不宜断电的电气设备带电燃烧的火灾
F 类火灾	烹饪器具内的烹饪物(如动植物油脂)火灾

3.2 消防器材的选择与使用

3.2.1 消防器材的选择

消防器材是指用于灭火、防火以及火灾事故的器材。扑救不同类别的火灾,应选用不同的消防器材,具体要求如表 3.3 所示。

表 3.3 消防器材的选择

火灾类别	对应的消防器材
A 类火灾	应选用水、泡沫灭火器、磷酸铵盐干粉灭火器、卤代烷灭火器。因为导致火灾的固体物质一般具有有机物性质,在燃烧时能产生灼热的余烬,如木材、棉、毛、麻、纸张火灾等
B 类火灾	应选用干粉灭火器、泡沫灭火器、卤代烷灭火器、二氧化碳灭火器(注意:化学泡沫灭火器不能灭 B 类极性溶剂火灾,因为化学泡沫与有机溶剂接触时,泡沫会被迅速吸收,很快消失,不能起到灭火的作用。醇、醛、酮、醚、酯等都属于极性溶剂)

续表 3.3

火灾类别	对应的消防器材
C类火灾	应选用干粉灭火器、卤代烷灭火器、二氧化碳灭火器
D类火灾	针对金属火灾,就我国情况来说,还没有定型的灭火器产品。国外灭D类火灾的灭火器主要有粉状石墨灭火器和灭金属火灾专用干粉灭火器。国内在尚无定型灭火器和灭火剂珠的情况下可选用干砂或铸铁沫灭火
E类火灾	应选用磷酸铵盐干粉灭火器、卤代烷灭火器
F类火灾	灭火时忌用水、泡沫灭火器和含水性物质,应采用窒息灭火方式隔绝氧气进行灭火

3.2.2 消防器材的使用

根据燃烧原理,一切灭火方法的原理都是将灭火剂直接喷射到燃烧的物体上或将灭火剂喷洒在火源附近的物质上,使其不因火焰热辐射作用而形成新的火点。

1. 灭火器

灭火器是用来扑救初期火灾的。各单位应根据实验室的实际需要,配置足够数量的灭火器。易发生火灾的实验室内应单独配备灭火器。灭火器应放置在干燥、显眼、便于取用的位置,且每年要定期进行年检,保持状态良好,超过寿命期限的灭火器要及时报废。精密仪器实验室应配备二氧化碳灭火器。储存和使用钠、钾、镁、黄磷、电石、铝粉、过氧化物的实验室应配备灭火干砂或D类火灾灭火器。对于有灼烧的金属或熔融物的实验室,应单独准备灭火干砂或干粉灭火器。

不同种类的灭火器使用方法有所不同,详见表3.4。

2. 消火栓

室内消火栓一般都设置在建筑物公共部位的墙壁上,有明显的标识,内有水龙带和水枪。消火栓的门要能够迅速打开,不能上锁。箱内设备要齐全可靠,供水要有保证,要有足够压力。供水阀门要容易打开,不能因生锈难以打开。箱前不能堆积任何障碍物。

当发生火灾时,找到距离火场最近的消火栓,打开消火栓箱门,取出水龙带,将水龙带的一端接在消火栓出水口上,另一端接好水枪,拉到起火点附近后方可打开消火栓阀门。

注意:在确认火灾现场供电已断开的情况下,才能用水进行扑救。

表 3.4　不同种类灭火器的使用方法

灭火器种类	使用方法
泡沫灭火器	使用时先上下、左右摆动泡沫灭火器,使药剂混合,含二氧化碳气体的泡沫受压喷出
二氧化碳灭火器	使用时拔出保险插销,握住喇叭喷嘴前握把,压下握把开关,将内部高压气体喷出
干粉灭火器	内装的药剂是粉状磷酸铵盐,可以扑救可燃气、电气、油类、木材、棉絮等类型火灾。将灭火器提到起火地点附近,站在火场的上风头,拔下保险插销,一手握紧喷管,另一手捏紧压把,喷嘴对准火焰根部进行扫射
1211 灭火器	内装的药剂是液态卤代烷,不仅可以扑救可燃气体、电气、木材、棉絮等火灾,还可以扑救精密仪器火灾。将灭火器提到起火地点附近,站在火场的上风头,拔下保险插销,一手握紧喷管,另一手捏紧压把,喷嘴对准火焰根部进行扫射

注:使用灭火器时,人要站在上风口或侧风口,二氧化碳钢瓶不能接触人体,以防冻伤;桶底不能正对着人的方向,以防炸伤。

3.3　消防应急处理

实验室一旦发生火灾,通常面临着人员多、情况复杂的场面。发现起火后,如果火势很小,应果断采取措施,用灭火器材将初起火灾及时扑灭。要迅速有效地扑救,必须统一指挥,才能保证灭火过程的整体性和协调性,避免影响扑救效率。一般应做到以下几点。

(1)一切行动听指挥。

(2)注意自身安全,避免伤亡。

(3)用水扑救带电火灾时,必须先将电源断开,严禁带电扑救。

(4)使用水龙带时防止扭转和折弯。

(5)灭液体火灾时(汽油、酒精)不能直接喷射液面,要由近向远,在液面上方 10cm 处左右扫射,覆盖燃烧面切割火焰。

(6)注意保护现场,以利于起火原因调查。

(7)如果火势很大,不能控制火情,应立即撤离火场,并在确保自身安全的情况下尽早按下火灾报警器并报警。

第 4 章　化学品安全

化学实验是教学和科研的一个重要环节,实验过程中会用到各种化学试剂。很多化学品具有易燃、易爆、有毒、有害及腐蚀性等特性,操作不当会对人员和环境造成危害。高校实验室的化学品与工厂的相比,具有量小但品类繁多等特点,故而对于化学品安全知识的学习尤为重要。

针对化学品安全,教育部的管理和检查要求如表 4.1 所示。

表 4.1　高等学校实验室化学品安全检查项目表

检查项目	检查要点
危险化学品采购要符合要求	危险化学品须向具有生产经营许可资质的单位进行购买,查看相关供应商的经营许可资质证书或其复印件
剧毒化学品、易制毒化学品、易制爆化学品、爆炸化学品的购买程序合规	①购买前须经学校审批,报公安部门批准或备案后,向具有经营许可资质的单位购买,并保留报批及审批记录。 ②建立购买、验收、使用等台账资料。 ③不得私自从外部单位获取管制类化学品,也不得给外部单位或个人提供管制类化学品
实验室内危险化学品建立动态台账	①建立实验室危险化学品动态台账,并配有危险化学品安全技术说明书(material safety data sheets,MSDS)或安全周知卡,方便查阅。 ②定期清理废旧试剂,避免出现废旧试剂累积现象
化学品有专用存放空间并保持科学有序存放	①储藏室、储藏区、储存柜等应通风、隔热、避光、安全。 ②易泄漏、易挥发的试剂存放设备与地点应保证充足的通风。 ③试剂柜中不能有电源插座或接线板。 ④化学品有序分类存放,固体、液体不混乱放置,互为禁忌的化学品不得混放,试剂不得叠放。有机溶剂储存区应远离热源和火源。装有试剂的试剂瓶不得开口放置。实验台架无挡板不得存放化学试剂。 ⑤配备必要的二次泄漏防护、吸附或防溢流功能的托盘等工具

续表 4.1

检查项目	检查要点
实验室内存放的危险化学品总量符合规定要求	①危险化学品(不含压缩气体和液化气体)原则上不应超过 100L 或 100kg,其中易燃易爆化学品的存放总量不应超过 50L 或 50kg,且单一包装容器容积不应大于 20L 或 20kg(按 50m² 为标准,存放量以实验室面积比考量)。 ②常年大量使用易燃易爆溶剂或气体须加装泄漏报警器;储存部位应加装常时排风装置或与检测报警联动排风装置
化学品标签应显著完整清晰	①化学品包装物上应有符合规定的化学品标签。 ②当化学品由原包装物转移或分装到其他包装物内时,转移或分装后的包装物应及时重新粘贴标识。化学品标签脱落、模糊、腐蚀后应及时补上,如不能确认,则以不明废弃化学品处置
其他化学品存放问题	①装有配制试剂、合成品、样品等的容器上标签信息明确,标签信息包括名称或编号、使用人、日期等。 ②无使用饮料瓶存放试剂、样品的现象,如确需使用,必须撕去原包装纸,贴上试剂标签。 ③不使用破损的量筒、试管、移液管等玻璃器皿
剧毒化学品执行"五双"管理(即双人验收、双人保管、双人发货、双把锁、双本账),技防措施符合管制要求	①单独存放,不得与易燃、易爆、腐蚀性物品等一起存放。 ②有专人管理并做好储存、领取、发放情况登记,登记资料至少保存 1 年。 ③防盗安全门应符合《防盗安全门通用技术条件》(GB 17565—2022)的要求,防盗安全级别为乙级(含)以上,防盗锁应符合《机械防盗锁》(GA/T 73—2015)的要求,防盗保险柜应符合《防盗保险柜(箱)》(GB 10409—2019)的要求,监控管控执行公安要求
易制毒化学品储存规范,台账清晰	①设置专用仓库或者专用储存柜并设有防盗设施。 ②第一类易制毒化学品、药品类易制毒化学品实施"双人双锁"管理,台账账册保存期限不少于 2 年
易制爆化学品存量合规、"双人双锁"保管	①易制爆化学品存量合规。 ②存放场所出入口应设置防盗安全门,或存放在专用储存柜内,储存场所防盗安全级别为乙级(含)以上,专用储存柜应具有防盗功能,符合"双人双锁"管理要求,台账账册保存期限不少于 1 年

续表 4.1

检查项目	检查要点
麻醉药品和第一类精神药品管理执行"双人双锁"，建立专用账册	①设立专用仓库或者专用储存柜，专用仓库应设有防盗设施并安装报警装置，专用储存柜应使用保险柜，专用仓库和专用储存柜应实行"双人双锁"管理。 ②配备专人管理并建立专用账册，专用账册的保存期限应当自药品有效期期满之日起不少于5年
爆炸品单独隔离、限量存储、使用、销毁按照公安部门要求执行	收存和发放民用爆炸物品必须进行登记，做到账目清楚、账物相符
实验室应设立化学废弃物暂存区	①暂存区应远离火源、热源和不相容物质，避免日晒、雨淋，存放两种及以上不相容的实验室危险废物时，应分不同区域。 ②暂存区应有警示标识，并有防遗洒、防渗漏设施或措施
实验室内须规范收集化学废弃物	①危险废物应按化学特性和危险特性，进行分类收集和暂存。 ②废弃的化学试剂应存放在原试剂瓶中，保留原标签，并瓶口朝上放入专用固废箱中。 ③针头等利器须放入利器盒中收集。 ④废液应分类装入专用废液桶中，液面不超过专用废液容量的3/4。专用废液桶须满足耐腐蚀、抗溶剂、耐挤压、抗冲击的要求。 ⑤实验室危险废物收集容器上应粘贴危险废物信息标签、警示标志。 ⑥严禁将实验室危险废物直接排入下水道，严禁与生活垃圾、感染性废物或放射性废物等混装
学校应建设化学废弃物贮存站并规范管理	①贮存设施、场所应按照规定设置危险废物识别标志，存储装置符合《实验室废弃物存储装置技术规范》（GB/T 41962—2022）的要求，易燃废弃物室外存储装置的单套内部面积不大于$30m^2$，高应不超过3m（尺寸误差应不大于10%），并在通风口处设置防火阀，公称动作温度为70℃。 ②贮存站应有具体的管理办法并将贮存站安全运行、实验室危险废物出站转运等日常管理工作落实到相关人员的岗位职责中。 ③制定意外事故的防范措施和应急预案，并向所在地生态环境主管部门备案

续表 4.1

检查项目	检查要点
化学废弃物的转运须合规	①委托有危险废物处置资质的专业厂家集中处置化学废弃物,查看协议。 ②建立危险废物管理台账,如实记录有关信息,包括种类、产生量、流向、存储、处置等有关资料。 ③校外转运之前,贮存站必须妥善管理实验室危险废物,采取有效措施,防止废物的扬散、流失、渗漏或造成其他环境污染。 ④转运人员应使用专用运输工具,运输前根据运输废物的危险特性,应携带必要的应急物资和个体防护用具,如收集工具、手套、口罩等。 ⑤实验室危险废物的校外转运必须按照国家有关规定填写危险废物电子或者纸质转移联单,任何单位和个人未经许可不得非法转运

本章将针对化学品的分类、危害及标识标签,化学品的购买、储存及使用,废弃物的分类、收集储存及处置的安全知识展开详细论述。

4.1 化学品的分类、危害及标识标签

4.1.1 化学品的分类

国务院安全生产监督管理部门会同国务院工业和信息化、公安、环境保护、卫生、质量监督检验检疫、交通运输、铁路、民用航空、农业主管部门,根据化学品危险特性的鉴别和分类标准确定、公布了《危险化学品安全管理条例》(国务院令第591号),并将具有毒害、腐蚀、爆炸、燃烧、助燃等性质,对人体、设施、环境具有危害的剧毒化学品和其他化学品定义为危险化学品。依据国家标准《化学品分类和危险性公示 通则》(GB 13690—2009)和《危险货物分类和品名编号》(GB 6944—2012)将危险化学品按其危险性状况综合划分为以下8类(表4.2)。

表 4.2 危险化学品分类

类别	定义	特点
爆炸品	在外界作用下(如受热、受压、撞击等),能发生剧烈的化学反应,瞬时产生大量的气体和热量,使周围压力急剧上升,发生爆炸,对周围环境造成破坏的物品,也包括无整体爆炸危险,但具有燃烧、抛射及较小爆炸危险的物品	①爆炸性强。 ②敏感度高

续表 4.2

类别	定义	特点
压缩气体和液化气体	本类化学品指压缩、液化或加压溶解的气体，并应符合下述两种情况之一者：①临界温度低于 50℃，或在 50℃ 时，其蒸气压力大于 294kPa 的压缩或液化气体；②温度在 21.1℃ 时，气体的绝对压力大于 275kPa，或 54.4℃ 时，气体的绝对压力大于 715kPa 的压缩气体；或在 37.8℃ 时，雷德蒸气压力大于 275kPa 的液化气体或加压溶解的气体	①可压缩。②受热膨胀。③易燃可燃气体与空气能形成爆炸性混合物，遇明火极易发生燃烧爆炸。④除具有易燃性、毒性外，还具有刺激性、致敏性、腐蚀性、窒息性等
易燃液体	本类化学品指闪点不高于 61℃ 的液体，但不包括由于其危险性已列入其他类别的液体	①易挥发。②易流动扩散。③受热膨胀。④带电性。⑤毒害性
易燃固体、自燃物品和遇湿易燃物品	易燃固体：燃点低，对热、撞击、摩擦敏感，易被外部火源点燃，燃烧迅速，并可能散发有毒烟雾或有毒气体的固体。自燃物品：自燃点低，在空气中易发生氧化反应，放出热量，而自行燃烧的物品。遇湿易燃物品：遇水或受潮时发生剧烈化学反应，放出大量的易燃气体和热量的物品，有的无须明火即可燃烧或爆炸	①易燃固体：易燃；可分散和氧化；受热分解；对热、撞击、摩擦敏感；毒害性。②自燃物品：极易氧化；易分解。③遇湿易燃物品：遇水或酸反应剧烈；腐蚀性或毒性强
氧化剂和有机过氧化物	氧化剂：处于高氧化态，具有强氧化性，易分解并放出氧和热量的物质。包括含有过氧基的无机物，其本身不一定可燃，但能导致可燃物的燃烧，与粉末状可燃物能组成爆炸性混合物，对热、震动或摩擦较为敏感。有机过氧化物：分子组成中含有过氧基的有机物，本身易燃易爆，极易分解，对热、震动和摩擦极为敏感	强氧化性，易引起燃烧、爆炸

续表 4.2

类别	定义	特点
毒害品和感染性物品	进入肌体后,累积达一定的量,能与体液和组织发生生物化学作用或生物物理学作用,扰乱或破坏肌体的正常生理功能,引起暂时性或持久性的病理改变,甚至危及生命的物品	①易溶解,很多毒害品水溶性或脂溶性较强,毒害品在水中溶解度越大,毒性越大。②挥发性强,大多数有机毒害品挥发性较强,易因吸入蒸气中毒。③具有分散性,固体毒物颗粒越小,分散性越好,特别是一些悬浮于空气中的毒物颗粒,更易吸入肺泡而中毒
放射性物品	含有放射性核素,并且其活度和比活度均高于国家规定的豁免值的物品	①极具放射性。②许多放射性物品毒性很大。③不能用化学方法中和或者其他方法使放射性物品不放出射线,而只能设法把放射性物质清除或用适当的材料予以吸收屏蔽
腐蚀品	能灼伤人体组织并对金属等物品造成损坏的固体或液体	强烈的腐蚀性;氧化性;稀释放热性

4.1.2 化学品的危害

依据前文介绍,化学品具有毒害、腐蚀、爆炸、燃烧、助燃等特点,一旦在生产、运输、使用和管理过程中出现问题就可能对个人、环境、社会造成巨大危害。化学品的危害归纳起来主要是燃爆危害、健康危害和环境危害3种。

1. 燃爆危害

燃爆危害是指化学品能引起燃烧、爆炸的危险程度。火灾与爆炸都会带来生产设施的重大破坏和人员伤亡,但两者的发展程度显著不同。火灾是在起火后火势逐渐蔓延扩大,随着时间的延续,损失数量迅速增长;爆炸则是猝不及防,可能仅在 1s 内,爆炸过程就已结束,设备损坏、厂房坍塌、人员伤亡等巨大损失也将在瞬间发生。爆炸通常伴有发热、发光、压力上升、真空和电离等现象,具有很强的破坏作用,包括直接破坏、冲击波破坏、火灾、中毒和环境污染等。

2. 健康危害

关注化学品对健康的危害是化学品安全管理的一项重要内容。化学品具毒性、刺激性、致癌性、致畸性、致突变性、腐蚀性、麻醉性、窒息性等特性，化学品导致人员中毒的事故每年都有发生。因此，"毒物"这个名词被提出。

毒物通常指较小剂量的化学物质，在一般条件下作用于有机体，使细胞成分发生生物化学反应或生物物理学变化，扰乱或破坏有机体的正常功能，引起功能性或器质性改变导致暂时性或持久性病理损害，甚至危及生命的物质。理论上，在一定条件下，任何化学物质只要给予足够剂量，都可引起生物体损害。也就是说任何化学品都是有毒的，所不同的是引起生物体损害的剂量。习惯上，人们把较小剂量就能引起生物体损害的那些化学物质称为毒物，其余化学物质称为非毒物。但实际上，毒物与非毒物之间并不存在明确和绝对的界限，而只是以引起生物体损害的剂量大小相对地加以区别。

在一般条件下，毒物常以一定的物理形态（固态、液态或气态）存在，但在生产环境中随着加工或反应等不同过程的变化，可以粉尘、烟尘、雾、蒸气和气体5种状态造成污染。毒物可经呼吸道、消化道和皮肤进入体内。

在工业生产中，毒物主要经呼吸道和皮肤进入体内，还可能经消化道进入，但以前两种途径为主。按其作用性质加以区分可分为刺激性、腐蚀性、窒息性、麻醉性、溶血性、致敏性、致癌性、致突变性、致畸性毒物等；按损害的器官或系统加以区分可分为神经毒性、血液毒性、肾脏毒性、全身毒性毒物等。有的毒物仅具有一种作用，有的毒物则具有多种或全身性作用。

毒物对人体的危害，具体表现为以下几点：急性毒性；皮肤腐蚀/刺激；严重眼损伤/眼刺激；呼吸道或皮肤过敏；生殖细胞致突变性；致癌性；生殖毒性；特异性靶器官系统毒性——一次接触；特异性靶器官系统毒性——多次接触；吸入危险。

3. 环境危害

环境危害是指化学品对环境影响的危险程度。随着化学工业的发展，各种化学品的用量大幅增加，新化学品也不断涌现。人们在充分利用化学品的同时，也产生了大量的化学废弃物，其中不乏有毒、有害物质。同时，无控制地随意排放及其他途径的泄放，使得环境状况日益恶化，导致严重的环境污染。

化学品进入环境的途径主要有以下4种：①事故排放，在生产、储存和运输过程中由于着火、爆炸、泄漏等突发性化学事故，致使大量有害化学品外泄进入环境；②生产废弃物排放，在生产、加工、储存过程中，以废水、废气、废渣等形式排放进入环境；③人为施用直接进入环境，如农药、化肥的施用等；④人类活动过程中废弃物的排放，在石油、煤炭等燃料燃烧过程中以及家庭装饰等日常生活使用过程中直接排入或使用后作为废弃物排入环境。

化学品的环境危害主要有以下3种。

1）对大气的危害

● 破坏臭氧层。研究结果表明：含氯化学物质，特别是氯氟烃进入大气会破坏同温层的臭氧，臭氧减少导致地面接收的紫外线辐射量增加，从而导致皮肤癌和白内障的发病率增大。

- 导致温室效应。CO_2、CH_4、N_2O、氯氟烷烃等温室气体会使太阳的短波辐射透过,加热地面,而地面增温后所放出的热辐射,都被这些温室气体吸收,使大气增温,产生温室效应。温室效应产生的影响主要是全球变暖和海平面上升。
- 形成酸雨。大量排放的硫氧化物(主要为 SO_2)和氮氧化物,在空气中遇水蒸气形成酸雨,对动物、植物、人类等均会产生严重影响。
- 形成光化学烟雾。可形成光化学烟雾的物质有大气中未燃烧的煤尘、SO_2,汽车、工厂排出的氮氧化物或碳氢化合物等。

2)对土壤的危害

大量化学废弃物进入土壤会导致土壤酸碱化或土壤板结。

3)对水体的污染

- 氮磷等无机无毒物和有机无毒物大量排入水中会导致水中养分过多,藻类大量繁殖,溶氧量急剧下降,影响水生生物生存。
- 重金属等无机有毒物和农药等有机有毒物在水生生物体内富集,造成水生生物损害、死亡,破坏生态环境。
- 水体污染不仅会对生态环境造成直接的破坏和影响,还会对人类社会造成间接的环境危害,有时这种间接的环境危害会比当时造成的直接危害更大且更难消除。

4.1.3 化学品的标识标签

化学品的标识标签是直观了解化学品性质和危害的有效途径。

1. 危险化学品安全标志

首先,我们需要了解危险化学品安全标志。根据常用危险化学品的危险特性和类别,设 16 种主标志、11 种副标志(图 4.1)。主标志是由表示危险特性的图案、文字说明、底色和危险品类别号 4 个部分组成的菱形标志。副标志图形中没有危险品类别号。当一种危险化学品具有一种以上的危险类别时,应用主标志表示主要危险类别,用副标志表示重要的其他危险类别。

标志 1　爆炸品标志　　　　标志 2　易燃气体标志　　　　标志 3　不燃气体标志

标志 4　有毒气体标志　　　　　标志 5　易燃液体标志　　　　　标志 6　易燃固体标志

标志 7　自燃物品标志　　　　标志 8　遇湿易燃物品标志　　　　标志 9　氧化剂标志

标志 10　有机过氧化物标志　　　标志 11　有毒品标志　　　　标志 12　剧毒品标志

标志 13　一级放射性物品标志　　　　　　标志 14　二级放射性物品标志

标志15 三级放射性物品标志

标志16 腐蚀品标志

(a) 主标志

标志17 爆炸品标志

标志18 易燃气体标志

标志19 不燃气体标志

标志20 有毒气体标志

标志21 易燃液体标志

标志22 易燃固体标志

标志23 自燃物品标志

标志24 遇湿易燃物品标志

标志25 氧化剂标志

标志 26　有毒品标志

标志 27　腐蚀品标志

(b)副标志

图 4.1　危险化学品安全标志

2. 试剂瓶的标签信息

其次,我们需要掌握试剂瓶上的标签信息。国家标准《基于 GHS 的化学品标签规范》(GB/T 22234—2008)规定危险品在储存、运输、使用等过程中,必须根据联合国 GHS[①] 规定的危害性类别和等级,使用对应的象形图、警示语、危害性说明等安全标签。标签必要信息应包括:①表示危险性的象形图;②信号词/警示词;③危害性说明;④注意事项;⑤产品名称;⑥生产商/供应商信息(图 4.2)。

(1)表示危险性的象形图:联合国 GHS 提供了危险品的象形图标准图案,都是菱形的白底上用黑色图形,并用较粗的红线做边框。实际标签使用的象形图不得与 GHS 标准象形图有显著差异。

(2)信号词/警示词:信号词/警示词指表示危险性的相对程度、向使用者警告潜在危害性的语句。GHS 使用的警示词有"危险(danger)"和"警告(warning)",其中"危险"表示危害性等级较高,"警告"表示危害性等级较低,危害性等级更低时也可不使用警示词。

(3)危害性说明:标签上的危害性说明与各类危险品的危害性及等级标准相对应,表示该产品危害性的性质和程度。

(4)注意事项:注意事项的内容包括为了防止接触具有危害性产品或不恰当地存放、处理而产生危害,或者为了将危险降低到最小,而应该采取的推荐措施。注意事项一般用文字表示。

(5)产品名称:GHS 规定标签上应有产品名称及该产品含有的危害性化学物质的名称,混合物或合金的标签上与健康危害有关的所有成分或合金元素也应标示出来。

[①] GHS 全称为 Globally Harmonized System of Classification and Labelling of Chemicals,是关于化学品的分类及其标签的国际协调组织。

(6) 生产商/供应商信息：必须将物质的生产商或供应商的名称在标签上标示出来，同时应标出联系地址和电话号码，可能的话紧急情况下的联系方式也应记载在标签上。

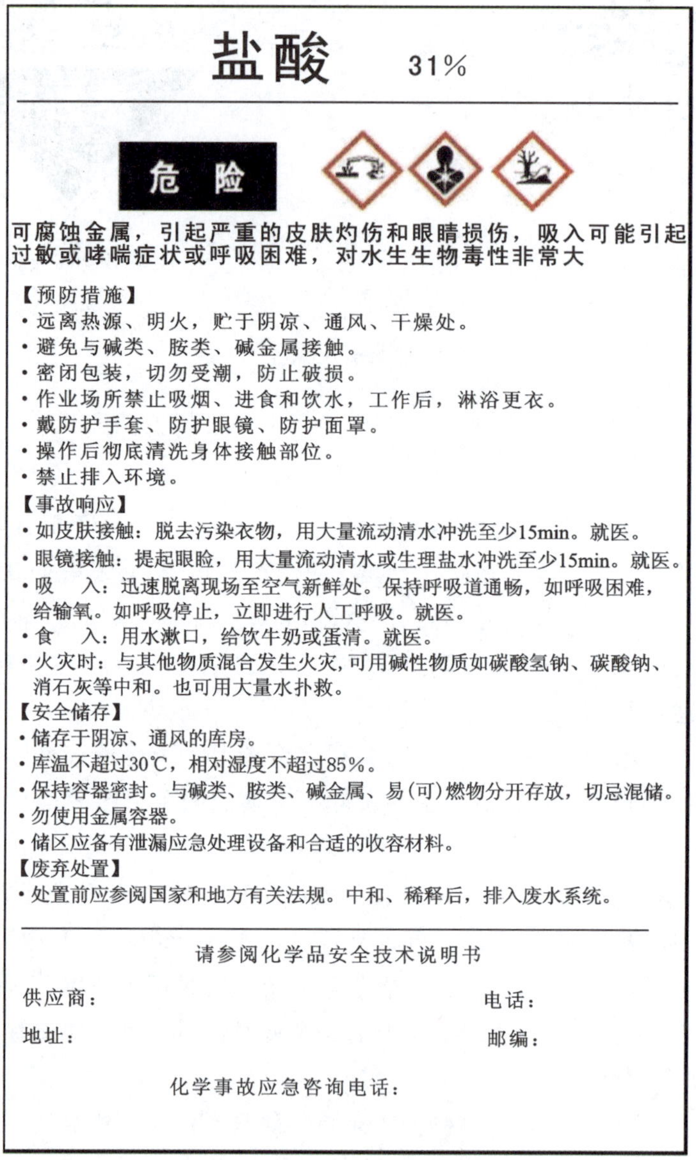

```
盐酸    31%

【危 险】  ◇ ◇ ◇

可腐蚀金属，引起严重的皮肤灼伤和眼睛损伤，吸入可能引起
过敏或哮喘症状或呼吸困难，对水生生物毒性非常大
【预防措施】
• 远离热源、明火，贮于阴凉、通风、干燥处。
• 避免与碱类、胺类、碱金属接触。
• 密闭包装，切勿受潮，防止破损。
• 作业场所禁止吸烟、进食和饮水，工作后，淋浴更衣。
• 戴防护手套、防护眼镜、防护面罩。
• 操作后彻底清洗身体接触部位。
• 禁止排入环境。
【事故响应】
• 如皮肤接触：脱去污染衣物，用大量流动清水冲洗至少15min。就医。
• 眼镜接触：提起眼睑，用大量流动清水或生理盐水冲洗至少15min。就医。
• 吸  入：迅速脱离现场至空气新鲜处。保持呼吸道通畅，如呼吸困难，
       给输氧。如呼吸停止，立即进行人工呼吸。就医。
• 食  入：用水漱口，给饮牛奶或蛋清。就医。
• 火灾时：与其他物质混合发生火灾，可用碱性物质如碳酸氢钠、碳酸钠、
       消石灰等中和。也可用大量水扑救。
【安全储存】
• 储存于阴凉、通风的库房。
• 库温不超过30℃，相对湿度不超过85%。
• 保持容器密封。与碱类、胺类、碱金属、易(可)燃物分开存放，切忌混储。
• 勿使用金属容器。
• 储区应备有泄漏应急处理设备和合适的收容材料。
【废弃处置】
• 处置前应参阅国家和地方有关法规。中和、稀释后，排入废水系统。

请参阅化学品安全技术说明书
供应商：                电话：
地址：                  邮编：
化学事故应急咨询电话：
```

图 4.2　盐酸的标签信息模板

3. MSDS 信息

最后，我们还需了解 MSDS。MSDS(material safety data sheets)即化学品安全技术说明书，亦可译为化学品安全说明书或化学品安全数据说明书，是化学品生产商和进口商用来阐明化学品的理化特性(如 pH 值、闪点、易燃度、反应活性等)及对使用者的健康(如致癌、致畸变等)可能产生的危害的一份文件。

中国国家标准《化学品安全技术说明书 内容和项目顺序》(GB/T 16483—2008)中规定MSDS要包括以下16个部分的内容。

(1)化学品及企业标识：主要标明化学品名称、生产企业名称、地址、邮编、电话、应急电话、传真和电子邮件地址等信息。

(2)危险性概述：简要概述本化学品最主要的危害和效应，主要包括危害类别、侵入途径、健康危害、环境危害、燃爆危险等信息。

(3)成分/组成信息：标明该化学品是纯化学品还是混合物。如果是纯化学品，应给出其化学品通用名。如果是混合物，应给出危害性组分的浓度或浓度范围。无论是纯化学品还是混合物，如果其中包含有害性组分，则应给出化学文摘登记号(CAS号)。

(4)急救措施：指作业人员意外地受到伤害时，所需采取的现场自救或互救的简要处理方法，包括眼睛接触、皮肤接触、吸入、食入的急救措施。

(5)消防措施：主要表示化学品的物理和化学特殊危险性、适合的灭火介质、不合适的灭火介质及消防人员个体防护等方面的信息，包括危险特性、灭火介质和方法、灭火注意事项等。

(6)泄漏应急处理：指化学品泄漏后现场可采用的简单有效的应急措施、注意事项和消除方法，包括应急行动、应急人员防护、环保措施、消除方法等内容。

(7)操作处置与储存：主要指化学品操作处置和安全储存方面的信息资料，包括操作处置作业中的安全注意事项、安全储存条件和注意事项。

(8)接触控制/个体防护：在生产、操作处置、搬运和使用化学品的作业过程中，为保护作业人员免受化学品危害而采取的防护方法和手段，包括最高容许浓度、工程控制、呼吸系统防护、眼睛防护、身体防护、手防护、其他防护要求。

(9)理化特性：主要指描述化学品的外观及理化性质等方面的信息，包括外观与性状、pH值、沸点、熔点、相对密度(水取1)、相对蒸气密度(空气取1)、饱和蒸气压、燃烧热、临界温度、临界压力、辛醇/水分配系数、闪点、引燃温度、爆炸极限、溶解性、主要用途和其他特殊理化性质。

(10)稳定性和反应性：主要描述化学品的稳定性和反应活性方面的信息，包括稳定性、禁配物、应避免接触的条件、聚合危害、分解产物。

(11)毒理学信息：提供化学品的毒理学信息，包括不同接触方式的急性毒性、刺激性、致敏性、亚急性和慢性毒性、致突变性、致畸性、致癌性等。

(12)生态学信息：主要描述化学品的环境生态效应、行为和转宿，包括生物效应、生物降解性、生物富集、环境迁移及其他有害的环境影响等。

(13)废弃处置信息：内容主要是被化学品污染的包装和无使用价值的化学品的安全处理方法，包括废弃处置方法和注意事项。

(14)运输信息：主要指国内、国际化学品包装、运输的要求及运输规定的分类和编号，包括危险货物编号、包装类别、包装标志、包装方法、UN编号及运输注意事项等。

(15)法规信息:内容主要是化学品管理方面的法律条款和标准。

(16)其他信息。

实验室应具有提供危险化学品信息的 MSDS。MSDS 可以通过以下网址获得(图 4.3)。如果保存有纸张副本,应该将副本放在容易取到的位置。

图 4.3　SOMSDS 搜索界面(http://www.somsds.com/)

4.2　化学品的购买、储存及使用

4.2.1　化学品购买

过去因国家管理和制度的不完善,化学品购买较为随意,危险化学品甚至管制类试剂获取较为容易,导致化学品事故频发。为保证化学品安全,保障人身安全和社会稳定,国家针对化学品分类和管理及时出台了一系列政策,根据公安部和教育部要求,高校化学品采购应遵循以下规则。

(1)所有化学品应从具有化学品经营许可资质的公司购买。

(2)剧毒、易制毒、易制爆等危险化学品须通过院系及学校相关部门,依据国家相关规定审批,统一采购。

(3)不得通过非法途径购买(获取)或私下转让危险化学品、麻醉类和精神类药品。

如今为加强高校化学品管理,教育部还建议高校建立化学品购买网站。如清华大学、浙江大学、武汉大学等诸多高校都采用化学品平台形式线上购买化学品,实现化学品全生命周期管理。

以中国地质大学(武汉)为例,学校建立了"化学品管理平台",邀请有资质的厂商入驻,相关人员只有通过平台下单购买方可进行财务报销,以此来实现对学校化学品的管理。针对危险化学品,在加入购物车后,会弹出 MSDS 相关信息(图 4.4),以方便师生获取适合的操作、储存和处理的资料。同时针对管制类(易制毒、易制爆)试剂,下单后会自动生成购买申请表和合法使用证明(图 4.5 和图 4.6),打印签字盖章后和合同一起交到实验室安全管理办公室并办理备案手续,不仅流程清晰还省去了手动填表的工作。同时,针对必须隔离存放的化学品,平台会生成预警信息,提醒必须隔离存放。

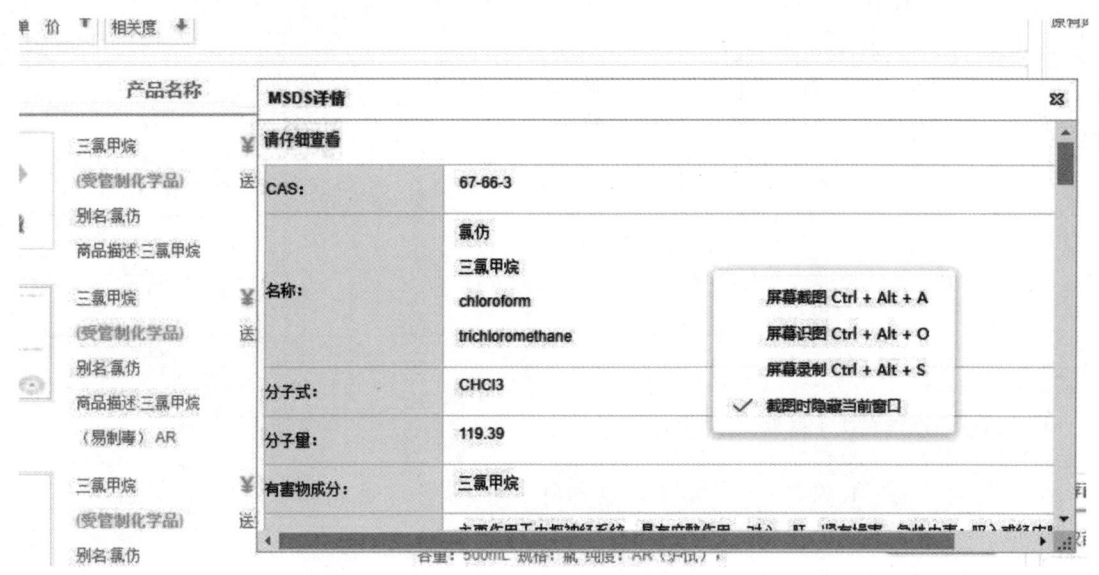

图 4.4　MSDS 详情信息

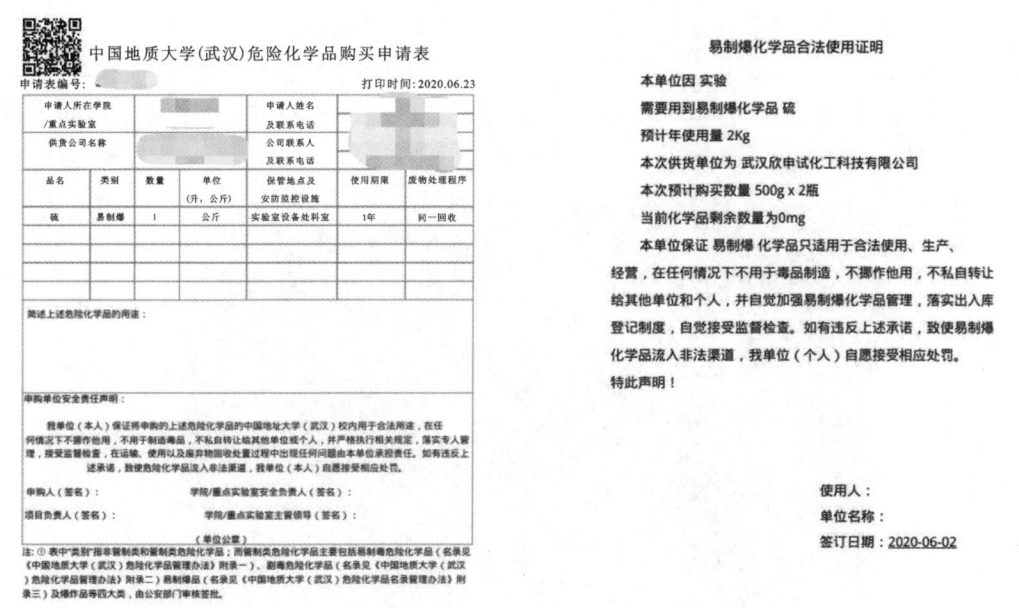

图 4.5　中国地质大学(武汉)危险化学品购买申请表　　图 4.6　易制爆化学品合法使用说明

针对化学品购买,各实验室还应做好出入库台账记录,避免多次重复购买相同试剂,试剂大量累积会造成安全隐患和浪费。出入库台账格式如表 4.3 所示。

表 4.3 _____学院_____实验室化学品出入库台账

序号	化学品名称	出入库日期	入库数量	出库数量	用途或去向	管理员	入库人/出库人

注：管制类试剂必须双人保管，双人领用。

4.2.2 化学品的储存

根据化学品的理化性质，尤其是反应性和危害性，储存应遵循以下原则。

(1) 所有化学品和配制的试剂都应贴有明显标签，杜绝标签缺失、新旧标签共存、标签信息不全或不清等混乱现象。标签上应有配制的试剂，反应产物的名称、浓度或纯度，责任人，日期等信息。

(2) 化学品应储存在有通风设施的药品柜中，应有台账并定期更新。

(3) 管制类试剂须存放在专门的试剂柜中，严格执行"五双"管理（双人收发、双人记账、双人双锁、双人运输、双人使用）。如果实验室内管制类试剂存放量较多，应建设暂存间或危险化学品仓库，按需按规领取。暂存间如图 4.7 所示。

图 4.7 暂存间内部照片

(4) 存放化学品的场所必须整洁、通风、隔热、安全、远离热源和火源等。

(5) 实验室不得存放大桶试剂和大量试剂，严禁存放大量易燃易爆品及强氧化剂；化学品应密封、分类、合理存放,切勿将不相容的、互相作用会发生剧烈反应的化学品混放。

(6)所有化学品必须根据它们的危险类别储存,不要将可能会相互发生反应的化学品放置在一起。如果化学品表现出多种危险性,应根据其展现的主要危险特性,按要求储存。

(7)定期(至少每年一次)检查储存的化学品是否达到失效期、是否需要补充、是否变质、储存容器是否完整。必须检查标签,以保证化学品能够被辨认。如果标签脱落或破损,须重贴一个。

(8)不要将化学品储存在热源(如烘箱、燃烧器、热板或蒸气管)附近,也不要将化学品储存在阳光直射的位置。

(9)不要将工作台表面作为化学品的长期储存点,在该位置上化学品容易被打翻。能相互发生反应的化学品若存放在一起,一旦着火,化学品将处于无保护状态。

(10)不要将化学品储存在地板上。

(11)不要将通风柜作为化学品的长期储存点,需要在通风环境储存的气味重的化学品除外。有些通风柜的下面有通风储存小柜,在保证安全的情况下,可储存经常使用的、需要在通风环境储存的化学品。另外,避免将化学品容器放置在通风柜的边缘,以免发生跌落和打碎容器。

(12)化学品容器摆放时底部不要超出架子的边缘,不要靠得太近,不要叠加放置。

(13)需要冷藏的化学品必须用紧密配合的盖子密封,并稳固地放置在冰箱内。

(14)保证放置化学品容器的盖子盖紧,以防止化学品蒸气挥发进入实验室。

(15)实验室不要储存过多的化学品,每间实验室内存放的除压缩气体和液化气体外的危险化学品总量不应超过 100 L/kg,其中易燃易爆性化学品的存放总量不应超过 50 L/kg,且单包装不应超过 25 L/kg。

(16)易燃液体应远离热源、火源,置于避光阴凉处保存,保持通风良好。注意不可装满容器,最好存放于防爆冰箱内。

(17)腐蚀性药品应置于防腐蚀试剂柜的下层,或下垫防腐蚀托盘,置于普通试剂柜的下层。

(18)易产生有毒有害气体或烟雾的化学品应单独存放于带通风设备的药品柜中。

(19)剧毒物必须与酸类物质隔绝,且要求置于保险箱中,严格执行"五双"管理要求。

(20)燃烧类固体须与易燃物、氧化剂隔离,宜保存于 20 ℃ 的环境中,并放置在防爆材料架上。

(21)能发生互相作用的化学品应隔离存放,须遵守以下规:

a. 氧化剂与还原剂及有机物等不能混放;

b. 强酸,尤其是硫酸,切忌与强氧化剂的盐类(如高锰酸钾、氯酸钾等)混放;

c. 遇酸产生有害气体的盐类(如氰化钾、硫化钠、亚硝酸钠、氯化钠和亚硫酸钠等)不能与酸混放;

d. 易水解的药品(如醋酸酐、乙酰氯和氯化亚砜等)忌与水、酸及碱接触;

e. 卤素(如氟、氯、溴、碘等)忌与氨、酸及有机物混放;

f. 氨忌与卤素、汞和次氯酸等接触;

g. 许多有机物忌与氧化剂硫酸、硝酸及卤素混放。

此外,《化学危险品储存通则》(GB 15603—2022)中规定了危险化学品的储存要求(表 4.4),应严格执行。

表4.4 化学危险品储存配存表

化学品危险和危害种类		爆炸物	易燃气体、气溶胶	氧化性气体	加压气体(不燃)	易燃液体	易燃固体	自反应物质和混合物	自燃液体、固体	自热物质和混合物	遇水放出易燃气体的物质和混合物	氧化性液体、固体 无机	氧化性液体、固体 有机	有机过氧化物	皮肤腐蚀/刺激、严重眼损伤/眼刺激 酸性无机	金属腐蚀物、类别1 酸性有机	碱性无机	碱性有机、类别1	急性毒性 剧毒无机	剧毒有机	其他无机	其他有机
爆炸物		×																				
易燃气体、气溶胶		×	○																			
氧化性气体		×	×	○																		
加压气体(不燃,非助燃)		×	○	○	○																	
易燃液体		×	×	×	×	○																
易燃固体		×	×	×	×	消	○															
自反应物质和混合物		×	×	×	×	×	×	○														
自燃液体、自燃固体		×	×	×	×	×	×	×	○													
自热物质和混合物		×	×	×	×	×	×	×	×	○												
遇水放出易燃气体的物质和混合物		×	×	×	×	×	×	×	×	×	○											
氧化性液体、固体	无机	×	×	×	分	×	×	×	×	×	×	○										
	有机	×	×	×	消	×	×	×	×	×	×	○	○									
有机过氧化物		×	×	×	×	×	×	×	×	×	×	×	×	○								

· 30 ·

续表4.4

化学品危险和危害种类		爆炸物	易燃气体、气溶胶	氧化性气体	加压气体(不燃)	易燃液体	易燃固体	自反应物质和混合物	自燃液体、固体	自热物质和混合物	遇水放出易燃气体的物质和混合物	氧化性液体、固体 无机	氧化性液体、固体 有机	有机过氧化物	金属腐蚀物 皮肤腐蚀/刺激/严重眼损伤/眼刺激、类别1 酸性无机	酸性有机	碱性无机	碱性有机	急性毒性 剧毒无机	剧毒有机	其他无机	其他有机
金属腐蚀物 皮肤腐蚀/刺激、严重眼损伤/眼刺激、类别1	酸性无机	×	×	×	×	×	×	×	×	×	×	×	×	×	O	×	×	×	×	×	×	×
	酸性有机	×	×	×	×	消	×	×	×	×	×	×	消	×	×	O	×	×	×	×	×	×
	碱性无机	×	×	×	分	消	分	×	×	分	×	分	消	×	×	×	O	×	×	×	×	×
	碱性有机	×	×	×	×	消	消	×	×	×	×	×	×	×	×	×	×	O	×	×	×	×
急性毒性	剧毒无机	×	×	×	×	×	×	×	×	×	×	×	×	×	×	×	×	×	O	×	×	×
	剧毒有机	×	×	×	×	消	×	×	×	×	×	×	×	×	×	×	×	×	×	O	×	×
	其他无机	×	×	×	分	消	分	×	×	分	×	分	消	×	×	×	×	×	×	×	O	×
	其他有机	×	×	×	×	分	消	×	×	×	×	×	消	×	×	×	×	×	×	×	×	O

"O" 框中,具体化学品能否混合储存,参考其安全技术说明书。
"×" 框中,剧毒化学品、易燃性气体、氧化性气体、急性毒性之间应留有2m以上的距离。
"分" 框中,堆垛与堆垛之间应留有1m以上的距离,混存物品,堆垛与堆垛之间,不使包装容器完整,并要求包装配合要求进行配存。
"消" 框中,禁忌物具体配存要求参见其化学品安全技术说明书。
当危险化学品具有两种以上危险性的健康危害和缓解危害类别时,应按照最严格的禁配要求进行配存,具体危险性的分类要求按照GB 18265执行。

注1: "O" 表示原则上可以混存。
注2: "×" 表示互为禁忌物品。
注3: "分" 指按化学品的危险性分类进行隔离储存。
注4: "消" 指两种物品性能并不相互抵触,但消防施救方法不同。

4.2.3 化学品的使用

化学品的安全使用应遵循一定的原则,尽量减少化学品对人员的伤害及对环境的污染。

(1)实验之前,应先阅读化学品安全技术说明书,了解化学品的特性,并采取必要的防护措施。

(2)严格按照实验规程进行操作,在能够达到实验目的的前提下,尽量少用危险性物质,或用危险性低的物质代替危险性高的物质。

(3)保持工作环境通风良好,使用化学品时不能直接接触药品,不要把鼻子凑到容器口闻药品的气味,更不得品尝药品的味道。

(4)严禁在开口容器或密闭体系中用明火加热有机溶剂,不得在烘箱内干燥易燃有机物。

(5)实验人员应佩戴防护眼镜,穿着合身的棉质工作服、长衣长裤、袜子,必要时采取其他防护措施。

针对化学品的使用,要做好相关台账并定期更新(台账格式如表4.5所示)。高校化学品平台有台账管理功能,师生可针对购买的每一瓶试剂做好台账记录。

表 4.5 ＿＿＿＿＿＿学院＿＿＿＿＿＿实验室化学品使用台账

化学品名称:＿＿＿＿＿＿＿＿＿＿　　购买时间:＿＿＿＿＿＿＿＿＿＿

序号	使用时间	使用量	剩余量	使用人	保管人

注:管制类试剂必须双人保管、双人领用。

4.3 废弃物的分类、收集储存及处置

由于高校实验室承担着大量教学、科研和社会服务等繁重任务,涉及物理、化学、生物等众多领域,因而高校实验室废弃物具有来源广泛、种类繁多、组成复杂这三大基本特性。

4.3.1 废弃物的分类

根据废弃物属性,可将实验室废弃物分为危险废物和一般废弃物。

(1)危险废物。危险废物指列入《国家危险废物名录》(2021年版)或者根据国家规定的危

险废物鉴别标准和鉴别方法认定的具有危险特性的固体废弃物。危险特性包括腐蚀性(Corrosivity,C)、毒性(Toxicity,T)、易燃性(Ignitability,I)、反应性(Reactivity,R)和感染性(Infectivity,In)等中的一种或者几种。《国家危险废物名录》(2021年版)中已经明确将研究、开发和教学活动中,化学和生物实验室产生的废弃物(不包括废物代码为HW03 900-999-49的危险废物)列为危险废物(HW49 900-047-49),并定性为具有毒性(T)、腐蚀性(C)、易燃性(I)和反应性(R)。此外,高校医学实验室和生物实验室的某些废弃物还具有感染性(In)。

高校实验室危险废物主要有教学、科研、分析检测等活动中产生的废弃化学品(包括丢弃的、废弃不用的、不合格的、过期失效的化学品)以及包装过化学品的容器(如包装袋、包装桶、试剂瓶等)。

(2)一般废弃物。一般废弃物指除危险废物外的其他废弃物。这些废弃物主要包括未沾染化学品的废包装材料、破碎容器(玻璃瓶、烧杯、量筒、滴定管、塑料瓶、塑料桶等)、废手套、废灯管、废电池(不含汞或铅)、废压力计、废温度计(不含汞)、生活垃圾等。

根据废弃物形态,也可将实验室废弃物分为气态废弃物(废气)、液态废弃物(废水和废液)和固态废弃物(固体废弃物)。

(1)气态废弃物(废气)。气态废弃物(废气)指在常温常压下呈气态的废弃物。实验室气态废弃物(废气)通常包括无机废气和有机废气。前者如实验燃烧烟气、含硫化氢废气、含氨废气、盐酸雾、硫酸雾、硝酸雾等;后者如非甲烷总烃、低分子有机物、液态有机物挥发气、废气体样品等。

(2)液态废弃物(废水和废液)。液态废弃物(废水和废液)指在常温常压下呈液态的废弃物。实验室液态废弃物(废水和废液)通常包括酸性废水(废酸液)、碱性废水(废碱液)、含重金属废水(废液)、含油废水(废液)、含卤素废水(废液)、废清洗液、废液体试剂(药剂)、废溶剂、废液体样品等。

(3)固态废弃物(固体废弃物)。固态废弃物(固体废弃物)指在实验过程中产生的丧失原有利用价值,或者虽未丧失利用价值但被抛弃或者放弃的固态、半固态和置于容器内的气态物品及物质。实验室固态废弃物(固废)主要包括废催化剂(材料)、废吸附剂(材料)、废过滤剂(材料)、废固体试剂(药剂)、废包装材料、破碎容器(器皿)、废固体样品等。

4.3.2 废弃物的收集储存

1. 废弃物收集储存原则

高校实验室废弃物的收集储存一般应遵循以下原则。

1)分类收集储存原则

不同的实验室废弃物的性质和特点差异较大。为了便于进一步依法合规和安全有效地处理与处置实验室废弃物,首先应对实验室废弃物进行分类收集、分区存储。

分类收集指按实验室废弃物的类别、性质和状态,将它们分别予以收集。例如,将废水与废液分类收集,一般固体废弃物与危险废物分类收集等。

分区储存是基于风险最小化原理和便于废弃物管理的理念,将废弃物按不同功能区分区储存。常见的储存区域有卫星式储存区（satellite accumulation area，SAA）及集中式储存区（waste accumulation area，WAA）。SAA 是储存实验室日常活动中产生的少量废弃物的区域，通常是产生废弃物的实验室设置的储存同类实验室废弃物的专属区域。WAA 是高校实验室管理部门设置和系统监督管理的实验室废弃物被最终转运外出处理处置前的主要储存区域。

2）安全收集储存原则

因为实验室废弃物大多是有毒有害的，并且不同的物质相互间还有发生反应的可能，所以收集储存过程中确保安全是非常重要的。在收集储存之前，首先应明确实验室废弃物的性质和特点，针对不同情况采取不同的收集储存方式，以保证在收集储存过程中不会发生起火、爆炸、泄漏、腐蚀、挥发等危害人身安全与环境的行为。

3）及时收集储存原则

在高校实验室进行教学或科研时，有时难免产生易燃易爆、有毒有害的废弃物。这些废弃物如果随意排放、散放或倾倒，不仅会直接危害实验室工作人员，而且会对工作环境及外环境造成污染。因此，实验室废弃物必须及时收集储存，这也可以防止实验室工作人员在教学和科研工作结束离开实验室后，将未及时收集储存的废弃物遗忘，留下安全环保隐患。例如，由于氟化氢等易挥发物质会对人体的呼吸道产生刺激，若不及时收集处理，会对实验室工作人员的身体健康产生危害，并污染实验室内外环境，因而应及时收集储存。

4）相似相近收集储存原则

相似相近原则指性质或处理方式、方法等相似相近的实验室废弃物应收集在一起储存。这样的收集储存方式有利于实验室废弃物后续的转运、利用和处理处置，省去后续再细分的麻烦。例如，硫酸、盐酸等性质相近的酸性废液可收集储存在一起等。

5）单独收集储存原则

高校实验室废弃物中有些废弃物性质比较独特，或者具有特殊价值和可回收利用特性，应进行单独收集储存。例如，汞单质就是比较特殊的物质，汞是常温下唯一呈液态的金属，它不仅易蒸发而且有毒，同时还可以与多种非金属发生反应，所以应当单独收集。

6）最小化原则

由于实验室废弃物的种类繁多，有些废弃物的产生量也较大，而多数高校实验室的废弃物处理处置设施和能力有限，所产生的废弃物很难全部得到及时有效的处理处置，因而废弃物收集后通常需要储存一段时间才能集中转运外出处理处置。为了降低环境污染风险，消除安全隐患，实验室应尽量减少废弃物储存量，尽可能回收利用，或者对废弃物进行简单的浓缩。同时，对于能够回收利用的废弃物，也应及时回收利用，这样既可减少废弃物处理处置量，也能降低废弃物储存、转运和处理处置费用。

7）定期清理原则

收集储存的实验室废弃物若因各种原因未能及时转运外出处理处置，会导致实验室废弃物储存量越存越多。这不仅占用了大量空间，而且会带来各种潜在威胁和产生环保安全隐患（如腐蚀、泄漏、滋生病菌、产生异味等）。因此，为了避免实验室废弃物收集储存过程中可能发生的意外，应对收集储存的实验室废弃物定期进行清理，以便及时处理处置。

8)明确标识原则

高校实验室废弃物大多含有易燃易爆、有毒有害组分。为了便于废弃物安全存放和后续有效处理处置,必须对收集储存的实验室废物进行标识,注明废物的种类、状态、毒性等信息。按现行管理要求,所有危险废物包装上必须张贴危险废物标识。

9)完全收集原则

高校实验室有时产生的废弃物量较大,但不能为了减少占用空间或者避免麻烦只收集一部分甚至不收集,将废弃物随意地排入下水管道或丢入垃圾桶,而是应尽可能回收实验室所产生的各类废弃物,以防止废弃物对环境产生污染,对人体产生危害。对于产生量比较大的废弃物,可先用简单的方法加以浓缩,然后再进行收集储存。

2. 废弃物收集储存要求

(1)实验室废弃化学品应按具体要求进行分类收集,容器上需要张贴危险废物标签(图4.8),标签应清晰地注明废弃化学品种类、性质和主要成分等必要信息,在将废弃物进行储存的同时,须详细做好收集记录。

图 4.8　危险废物标签

(2)由于化学品之间有些性质不同,将它们混合可能会引发安全事故,因而实验室中的废弃化学品一般同一种物质(或性质相同的物质)单独收集。如需要对实验室废弃化学品进行混合收集,收集之前应明确实验室废弃化学品的成分,根据废弃化学品相容性及化学品安全说明书的有关安全数据进行收集并如实进行标识。不明成分的实验室废弃化学品严禁与其他废弃化学品混合收集,以免发生危险。常见实验室废弃化学品相容性见表4.6。

表 4.6 常见实验室废弃化学品相容性

类别	种类	物质名称
相溶性物质	可燃性溶剂	丙酮、甲醇、乙醇、苯、甲苯、二甲苯、乙腈等
	有机卤溶剂	三氟溴氧乙烷、二氯甲烷、氯仿、四氯化碳、三氯乙烷、三氯乙烯
	有机酸	甲酸、乙酸、丙酸等
不相溶性物质	无机酸	盐酸、硝酸、硫酸、过氯酸
	无机物	氢氧化钠、氢氧化钾、氨
	氧化剂	硝酸钾、过氧化氢、高锰酸钾、漂白剂
	还原剂	磷酸酐、氢化钠、甲醇钠、2,4,6-三硝基苯酚
禁止共同储存的物质	—	氰化物和硫化物、砷化物和酸
		碱或碱土金属和液态废弃物
		活性金属粉末和易燃物
		汞或银和氨基化合物

（3）实验室废弃物须装入专门的包装物中，一般的实验室废液可用高密度聚乙烯桶（HDPE 桶）收集储存，但若与 HDPE 桶不相容的则使用不锈钢桶或其他相容性容器。固体废弃物按危险性区分，危险废物装入纸箱，一般废弃物倒入实验室专用垃圾桶。包装物如图 4.9 所示。

（4）实验室废弃化学品储存容器中若有多种相溶的废弃化学品混合储存时，每次向容器中放入废弃化学品，均须登记废弃化学品名称、数量、性质、时间等必要信息，并附实验室废弃物收集记录表以供参考。

（5）实验室废弃物的收集储存容器可能由于在长期使用或搬运过程中出现损坏，所以在收集储存之前需要对容器进行检查，确保收集储存容器保持良好情况，如有严重生锈、腐蚀、损坏或泄漏现象，则不可再使用，应立即更换。

（6）实验室中由于过期或被污染等产生的实验室废弃化学品，应按照规定进行收集储存和处理，不可随意丢弃或置入盛放生活废弃物的垃圾桶内。

（7）实验中产生的酸、碱废液经中和处理达到国家安全排放标准后才能排放；未经处理的酸、碱废液及实验中产生的有害、有毒废液必须分类置于专门的废液收集容器中，严禁直接倒入水池，排入下水道；禁止将易发生化学反应的废液混装在同一收集容器中；含重金属的废

第 4 章　化学品安全

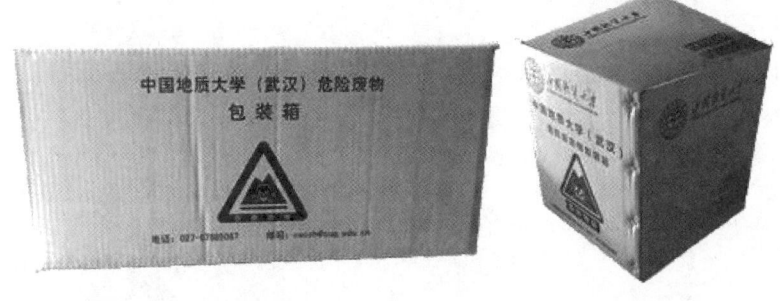

(a)纸箱

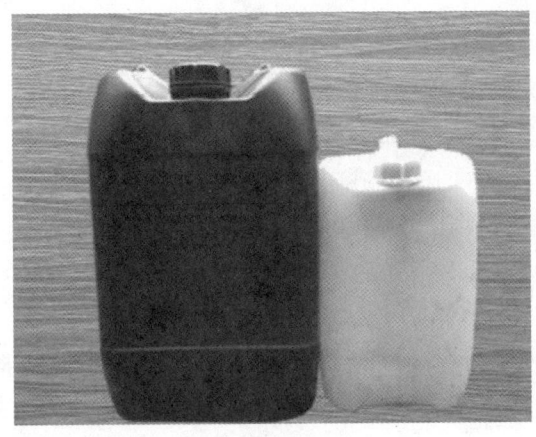

(b)废液桶

(c)实验室用垃圾桶

图 4.9　常用的实验室废弃物包装物

液,不论浓度高低,必须全部回收。

(8)实验中产生的或弃用的有毒、有害固体物质以及危险物品的空器皿、包装物等有毒有害固体废弃物须放入专门的收集容器中,不得随意掩埋丢弃。

(9)过期药品必须保持原标签完好、清晰,由原器皿盛装暂存,不得随意掩埋或倒入废弃物收集容器内。

(10)剧毒类废弃物(如氧化砷等)须按照剧毒类化学品储存和管理,严禁与其他的实验室废弃物混在一起,禁止随意丢弃、排放或置入生活废弃物的垃圾桶内。

(11)对于报废的高浓度废旧化学试剂,应使用原容器暂存,禁止混入其他的废弃物收集储存容器中(如禁止将废弃的浓硫酸倒入含有硫酸的废液收集容器中)。

(12)实验室若产生大量废旧化学试剂,应优先考虑综合利用(如可回收利用的应回收利用),或预处理后减少危险废弃化学品数量(如酸、碱废液中和后 pH 值达到 6~8 可排入下水管道),不能利用和处理的废旧化学试剂按照以上要求进行收集。

(13)对于实验室产生的少量危险废物,可储存在 SAA。SAA 应有醒目标识,储存在 SAA 的每一类废弃物的数量和储存时限应有明确的规定,具体可根据实验室废弃物的产生量、处理和储存设施容量等具体情况确定。当 SAA 储存量达到一定量时,需要向学校申请往 WAA 转运或直接清理。

(14) WAA 是实验室中产生量较大的废弃物和 SAA 废弃物的集中储存区域,对于储存在 WAA 的实验室废弃化学品,储存区应有醒目标识。储存在 WAA 的实验室危险废物的储存时间不宜过长,可根据废弃物种类来决定。当危险废物装满储存设施容量的 3/4 时,应及时申请联系处置公司清运、处理。

4.3.3 废弃物的处置

根据实验室废弃物的分类、危害性和形态,不同的废弃物有不同的处置方法。

1. 废气

实验室主要空气污染物来源于两类试剂的使用:一类是无机酸,如盐酸、硝酸、氢氟酸等;另一类是有机溶剂,如苯、甲苯、三氯甲烷等。

实验室废气的特点一是量少,二是成分多变。直接排放废气会对大气造成污染,严重影响周边地区的生态环境。故而现在高校大都配有通风、净化装置,废气在排放之前须通过净化吸收装置进行处理。有的实验楼采用管道集中到楼顶的方式,通过废气处理装置处理废气。一般有两种处理方式:第一种处理方式是靠水雾或水幕来捕捉含 HCl、NH_3、HF、SO_2 等的微粒,使有害物溶于水,经水雾或水幕净化、气液分离后所排放的气体中有害物的含量降到国家环保允许排放标准范围内,也可以根据实际情况采用碱液来代替水对废气进行处理;第二种处理方式为干式吸收法,主要靠具有较强吸附性能的吸附介质(如活性炭)在与废气接触的过程中,利用其强大的吸附功能截住废气中的各种有害物,使排放气体中有害物的含量降到国家环保允许排放标准范围内。这两种方式都必须定期更换吸附介质。

2. 实验室危险废物(固态和液态危险废物)

高校实验室危险废物具有种类繁多、成分复杂、单一种类量小、危险性大的特点。危险废物按形态划分可分为固体的、液体的和气体的;按危险特性划分可分为剧毒的、高毒性的、易燃的、易爆的、强腐蚀的;按危险废物对环境的危害程度划分可分为严重危害环境的重金属盐等一类污染物,酸碱化合物、有机溶剂等二类污染物;按产生的时间划分可分为几十年长期积累、不能再用的报废化学品,近期在教学科研实验中产生、收集的危险废物。

在教学科研活动中,有的实验方法步骤简单,产生的危险废物种类比较单一,量也小;而有的实验方法步骤繁多,同一个实验使用多种药品,产生的危险废物可能不是单一种类,而是多种化学试剂的混合体,成分复杂,不易分类,在处理时应特别注意。

由于实验室危险废物排放存在上述特点,如果高校自己建造危险废物处理设施,则需要充足的资金、配套的房屋场地、合适的设备设施,需要通过环保部门的环境影响评价,配备相应的管理人员、技术人员,运行成本高,技术要求高。即使有充足的资金、技术、人力、设备,由于危险废物种类多、数量少,因而很容易造成处理设备的长期闲置,降低投资效益。另外,有的高校校区分散,又处于人口密集区,实验室危险废物的运输、处理存在一定的困难。

目前，我国普通高校或科研院所实验室危险废物的处置大致存在以下几种现象。

(1)直接排放。实验室产生的危险废物不经任何处理就和其他非危险废物一起直接倒入下水道或生活垃圾桶,这种现象是绝对不允许的,应予以杜绝。

(2)做简单处理后排放。实验课教师或实验室人员在学生做完实验后指导学生或自己对实验过程中产生的危险废物进行简单处理,如把强酸、强碱稀释,把重金属沉淀,把有机废弃物焚烧等。

(3)直接倒入废液池。把实验过程中产生的废液不做危险废物和非危险废物区分,不做任何处理倒入废液桶,实验结束后直接倒入学校的废液池中。

(4)做简单处理后收集到废液池。实验课教师或实验室人员在学生做完实验后指导学生或自己对实验过程中产生的危险废物进行简单处理,如把强酸、强碱稀释,把重金属沉淀,把有机废弃物焚烧后将废液倒入学校的废液池中。这种情况常见于有废液池且环保意识较强的高校实验室。

(5)分类收集后由危险废物处置中心或有处置实验室危险废物资质的专业公司处理。实验课教师或实验室人员按要求指导学生将实验时产生的危险废物分类收集、储存,储存到一定数量后由危险废物处置中心或有处置实验室危险废物资质的专业公司处置。

(6)收集、储存在实验室,等待危险废物处置中心或有处置实验室危险废物资质的专业公司处理。实验室产生的不能做简单处理的危险废物不直接排放或倒入生活垃圾桶,而是收集、储存,等待危险废物处置中心来处理。这种现象常见于没有废液池而又有环保意识的高校实验室。

为规范高校化学实验室危险废物处置数量和处置程度,可以从以下几个方面着手加强。

(1)实验室各种危险废物都应有明确的处置单位和去向。若本地没有危险废物处置中心或有处置实验室危险废物资质的专业公司,可联系外地的处置中心代为处置,须签订处置合同(包括危险废物的数量、性质、年处置费用、运输形式等)。

(2)重点加强液态危险废物的管理与处置。液态危险废物的管理与处置流程比固态危险废物复杂:液态危险废物流动性强,体积难以控制,其储存、运输都比固体危险废物复杂。化学实验室液态危险废物成分多,性质相当复杂,处置技术的要求相对较高。因此,目前具备这项业务能力的处置单位较少,给液态危险废物的处置造成一定困难。

(3)建立实验室危险废物管理数据库。化学实验室危险废物虽数量少,但种类多,牵涉的处置单位多,应建立化学实验室危险废物管理数据库,对实验室危险废物的运输、处置实行全流程管理,这也与前文提到的高校化学品购买网站的构建相呼应,从购买到使用,再到最后处置实现全生命周期管理。

(4)加强实验室对危险废物的处理能力。由于现有的危险废物处置专业公司数量较少,处理费用较高,高校应增加实验室建设的资金投入,设立专门用于污染控制的经费,要求实验室配置污染处理设备,加强实验室自身处理能力,建设符合环保要求的实验室。

3. 实验室一般废弃物(固态和液态一般废弃物)

为优化资源配置和实现资源最大化利用,高校要求固态的一般废弃物[如未沾染化学品的废包装材料、破碎容器、废灯管、废电池(不含汞或铅)、废压力计、废温度计(不含汞)等]洗净后与生活垃圾一起处理,液态一般废弃物(如洗涤废水等)经无害化或稳定化处理后排入下水管道。

第5章 用气安全

由于教学、科研工作内容不断扩充,高校实验室的用气规模也逐渐增大。据统计,每80起爆炸事故中就有20起与压缩气体和液化气体相关。气瓶事故的致灾因子主要包括倾倒、泄漏和爆炸。气瓶事故极易在高校实验室发生,一旦发生,相较于其他实验室事故更易引起人员的伤亡。

针对用气安全,教育部的管理和检查要求如表5.1所示。

表5.1 高等学校实验室用气安全检查项目表

检查项目	检查要点
从合格供应商处采购实验气体,建立气体(气瓶)台账	查看记录
气体(气瓶)的存放和使用符合相关要求	①气体(气瓶)存放点须通风、远离热源、避免暴晒、地面平整干燥。 ②气瓶应合理固定。 ③危险气体钢瓶尽量置于室外,室内放置应使用常时排风且带监测报警装置的气瓶柜。 ④气瓶的存放量应控制在最小需求量。 ⑤涉及有毒、可燃气体的场所,须配有通风设施和相应的气体监测和报警装置等,张贴必要的安全警示标识。 ⑥可燃性气体与氧气等助燃气体钢瓶不得混放。 ⑦独立的气体钢瓶室应通风、不混放、有监控、有专人管理和记录。 ⑧有供应商提供的钢瓶定期检验合格标识,无超过检验有效期的气瓶,无超过设计年限的气瓶。 ⑨钢瓶气瓶颜色符合《气瓶颜色标志》(GB/T 7144—2016)的规定要求,确认"满""使用中""空瓶"3种状态。 ⑩使用完毕,应及时关闭气瓶总阀。 ⑪气瓶附件齐全

续表 5.1

检查项目	检查要点
较小密封空间使用可引起窒息的气体,需安装有氧含量监测,设置必要的气体报警装置	存有大量无毒窒息性压缩气体或液化气体(液氮、液氩)的较小密闭空间,为防止大量泄漏或蒸发导致缺氧,需安装氧含量监测报警装置
气体管路和钢瓶连接正确、有清晰标识	管路材质选择合适,无破损或老化现象,定期进行气密性检查;存在多条气体管路的房间须张贴详细的管路图,管路标识正确

5.1 气体类别和危险特性

5.1.1 气体分类

《危险货物分类和品名编号》(GB 6944—2012)按运输危险性将气体分为 3 类。

(1)易燃气体。对应《化学品分类和标签规范 第 3 部分:易燃气体》(GB 30000.3—2013)中的类别 1,如氢气、CO、乙炔、重氮甲烷、CH_4、二甲醚等。

(2)非易燃无毒气体。指 20 ℃时蒸气压力不低于 280 kPa 或作为冷冻液体运输的不燃、无毒气体。此类气体不燃、无毒,但高压状态下具有潜在爆裂危险,又可分为:①窒息性气体。稀释或取代空气中氧气的气体,如 N_2、CO_2、稀有气体等;②氧化性气体。通过提供氧气比空气更能引起或促进其他材料燃烧的气体,如 O_2、压缩空气等;③不属于前两类的气体。

(3)毒性气体。包括已知对人类具有毒性或腐蚀性强到对健康造成危害的气体,或半数致死浓度(LC50)小于或等于 $5 L/m^3$ 的气体。此类气体对人畜有强烈的毒害、窒息、灼伤、刺激作用,如氯、氨、二氧化硫(SO_2)、溴化氢等。

5.1.2 气体危险特性

1. 物理性爆炸

储存于钢瓶内的压缩或液化气体受热易膨胀,导致压力升高,当超过钢瓶耐压强度时可发生钢瓶爆炸。特别是液化气体钢瓶内气液共存,运输、使用或储存中受热或撞击等外力作用,瓶内液体会迅速气化,使钢瓶内压急剧增高,导致爆炸,造成人员伤亡和财产损失。钢瓶爆炸时易燃气体及爆炸碎片的冲击能间接引起火灾。

2. 化学性爆炸

易燃气体和氧化性气体化学性质活泼，普通状态下可与很多物质发生反应或爆炸燃烧。例如，乙炔、乙烯与氯气混合遇日光会发生爆炸，液态氧与有机物接触能发生爆炸，压缩氧与油脂接触能自燃。

3. 易燃性

易燃气体遇火源极易燃烧，与空气混合到一定浓度会发生爆炸。爆炸极限宽的气体若引发火灾，爆炸危险性更大。

4. 扩散性

比空气轻的易燃气体逸散在空气中可以很快地扩散，一旦发生火灾会造成火焰迅速蔓延；比空气重的易燃气体泄漏出来，往往飘浮于地面或房间死角，长时间积聚不散，一旦遇到明火，易导致燃烧爆炸。

5. 腐蚀性、毒害性及窒息性

含硫、氮、氟元素的气体多数有毒，如硫化氢、氯乙烯、液化石油气等。有些气体有腐蚀性，如硫化氢、氨、三氟化氮等，不仅可引起人畜中毒，还会使皮肤、呼吸道黏膜等受到严重刺激和灼伤而危及生命。有些气体有窒息性，大量压缩或液化气体及其燃烧后的直接生成物扩散到空气中时会导致氧含量降低，人因缺氧而窒息。

5.2 气体的安全使用

(1) 气体使用量大的单位，应设有气瓶专用储存空间，储存空间应符合《建筑设计防火规范》(GB 50016—2014)的有关要求，气瓶存放数量应符合有关安全规定。

(2) 气瓶使用分散的院系，盛装易燃、易爆和有毒性气体的气瓶必须放置于室外，并采取相应的安全管理措施；确因条件所限不能放置室外的，必须存放在气瓶柜中。气瓶柜应具有防爆功能及强排风装置，并安装可燃气体探测器与报警装置，柜内应始终保持负压。盛装易燃易爆和有毒气体的气瓶放置在实验室内，须由专业公司进行安全评估后方可使用。

(3) 气体存放点周围不得堆放易燃、易爆物品，远离热源和明火。气瓶应避免暴晒、淋雨和强烈振动。

(4) 气瓶应分类存放，易燃气体钢瓶和氧化性气体钢瓶需要有效隔离。

(5) 氧气瓶应储存在距可燃物 6m 以上的区域，或者用至少高度为 120cm 并且具有大于或等于半小时阻火能力的不可燃障碍物将气瓶与可燃物隔开。

(6) 不能将气瓶储存在温度可能超过 60℃ 的区域。

(7) 盛装惰性气体或标准气体的气瓶储存在实验室内，应保证实验室配有良好的通风设施。

(8)每间单一实验室非易燃惰性气体气瓶(40L)存放数量不宜过多,如数量过多,应安装氧含量探测报警器。

(9)混合气体气瓶要配挂标牌,标牌上注明气体成分、来源、使用者和购买/租借日期。

(10)如使用气体管路,每间隔1.5m采用管码支架固定,并根据气体管路弯曲的直径,设置合适的支架位置。开关阀应标示正常开或正常关。开关阀应明确标示开关方向,管线应标示内容物及其流动方向。

(11)实验室长期不用或无法识别的旧气瓶,可以联系供应商或专业公司处理。

第6章 设备安全

实验设备作为实验室资产的重头,如使用不当不仅会造成财产损失,更可能造成人员伤亡。

针对设备安全,教育部的管理和检查要求如表6.1所示。

表6.1 高等学校实验室设备安全检查项目表

检查项目	检查要点
建立设备台账,设备上有资产标签,有明确的管理人员	查看电子或纸质台账
大型、特种设备的使用须符合相关规定	大型仪器设备、高功率的设备与电路容量相匹配,有设备运行维护的记录,有安全操作规程或注意事项
仪器设备的接地和用电符合相关要求	①仪器设备接地系统应按规范要求,采用铜质材料,接地电阻不高于 0.5Ω。②电脑、空调、电加热器等不随意开机过夜。对于不能断电的特殊仪器设备,采取必要的防护措施(如双路供电、不间断电源、监控报警等)
特殊设备应配备相应的安全防护措施	①关注高温、高压、高速运动、电磁辐射等特殊设备,对使用者有培训要求,有安全警示标识和安全警示线(黄色),保证设备安全防护措施完好。②非标准设备、自制设备应经安全论证,合格后方可使用,并须充分考虑安全系数,并有安全防护措施
机械设备应保持清洁整齐,可靠接地	①机床应保持清洁整齐,严禁在床头、床面、刀架上放置物品。②机械设备可靠接地,实验结束后,应切断电源,整理好场地并将实验用具等摆放整齐,及时清理机械设备产生的废渣、废屑

续表 6.1

检查项目	检查要点
操作机械设备时实验人员应做好个人防护	①个人防护用品要穿戴齐全,如工作服、工作帽、工作鞋、防护眼镜等。操作冷加工设备必须穿"三紧式"工作服,不能留长发(长发要盘在工作帽内),禁止戴手套。 ②进入高速切削机械操作工作场所,须穿好工作服、工作鞋,戴好防护眼镜,扣紧衣袖口,戴好工作帽(长发必须盘在工作帽内),禁止戴手套、长围巾、领带、手镯等配饰物,禁止穿拖鞋、高跟鞋等。设备运转时严禁用手调整工件
铸锻及热处理实验应满足场地和防护要求	①铸造实验场地保持宽敞、通道畅通,使用设备前,操作者要按要求穿戴好防护用品。 ②盐浴炉加热零件必须预先烘干,并用铁丝绑牢,缓慢放入炉中,以防盐液炸崩烫伤。 ③淬火油槽不得有水,油量不能过少,以免发生火灾。 ④与铁水接触的一切工具,使用前必须加热,严禁将冷的工具伸入铁水内,以免引起爆炸。 ⑤不得空打锻压设备或大力敲打过薄锻件,锻造时锻件温度应达到 850 ℃ 以上,锻锤空置时应垫有木块
高空作业应符合相关操作规程	①在距坠落高度基准面 2m 及以上有可能坠落的高处进行作业,须穿防滑鞋、佩戴安全帽、使用安全带。 ②临边作业须在临空一侧设置防护栏杆,遵守相关安全操作规程
达到《特种设备目录》要求的设备须取得《特种设备使用登记证》	额定起质量大于或等于 0.5t 的升降机;额定起质量大于或等于 3t(或额定起重力矩大于或等于 40t·m 的塔式起重机,或生产率大于或等于 300t/h 的装卸桥),且提升高度大于或等于 2m 的起重机;层数大于或等于 2 层的机械式停车设备,须取得《特种设备使用登记证》
起重机械作业人员、检验单位须有相关资质	①起重机指挥人员、起重机司机须取得《特种设备作业人员证》,持证上岗,并每 4 年复审一次。 ②委托有资质单位进行定期检验,并将定期检验合格证置于特种设备显著位置

续表 6.1

检查项目	检查要点
起重机械须定期保养，设置警示标识，安装防护设施	①在用起重机械至少每月进行一次日常维护保养和自行检查，并做记录。 ②制订安全操作规程，并在周边醒目位置张贴警示标识，有必要的安全距离和防护措施。 ③起重设备声光报警正常，室内起重设备应标有运行通道。 ④废弃不用的起重机械应及时拆除
压力容器使用登记、相关人员资格	①盛装气体或者液体，承载一定压力的密闭设备，其范围规定为最高工作压力大于或等于0.1MPa(表压)的气体、液化气体和最高工作温度等于或高于标准沸点的液体、容积大于或等于30L且内直径(非圆形截面指截面内边界最大几何尺寸)大于或等于150mm的固定式容器和移动式容器，以及氧舱，须取得《特种设备使用登记证》。设备铭牌上标明为简单压力容器不需办理登记。 ②快开门式压力容器操作人员、移动式压力容器充装人员、氧舱维护保养人员、特种设备安全管理员应取得相应的《特种设备安全管理和作业人员证》，持证上岗，并每4年复审一次
压力容器定期检验	①委托有资质单位进行定期检验，并将定期检验合格证置于特种设备显著位置。 ②安全阀或压力表等附件须委托有资质单位定期校验或检定
压力容器使用管理	①设置安全管理机构，配备安全管理负责人、安全管理人员和作业人员，建立各项安全管理制度，制订操作规程。 ②实验室应经常巡回检查，发现异常及时处理，并做记录。 ③建立压力容器自行检查制度，对压力容器本体及其安全附件、装卸附件、安全保护装置、测量调控装置、附属仪器仪表进行经常性维护保养，每月至少进行1次月度检查，每年至少进行1次年度检查，并做记录。 ④简单压力容器也应建立设备安全管理档案。 ⑤盛装可燃、爆炸性气体的压力容器，其电气设施应防爆，电器开关和熔断器都应设置在明显位置。室外放置大型气罐应注意防雷
压力容器的使用年限及报废	达到设计使用年限的压力容器应及时报废(未规定设计使用年限，但是使用超过20年的压力容器视为达到使用年限)，如若超期使用必须进行检验和安全评估

续表 6.1

检查项目	检查要点
储存危险化学品的冰箱满足防爆要求	储存危险化学品的冰箱应为防爆冰箱或经过防爆改造的冰箱,并在冰箱门上注明是否防爆
冰箱内存放的物品须标识明确,试剂必须可靠密封	①标识至少包括名称、使用人、日期等信息,并经常清理。 ②实验室冰箱中试剂瓶螺口拧紧,无开口容器,不得放置非实验用食品、药品。超低温冰箱门上有储物分区标识,置于走廊等区域的超低温冰箱须上锁
冰箱、烘箱、电阻炉的使用满足使用期间和空间等要求	①冰箱不超期使用(一般使用期限控制为 10 年),如超期使用须经审批。 ②冰箱周围留出足够空间,周围不堆放杂物,不影响散热。 ③烘箱、电阻炉不超期使用(一般使用期限控制为 12 年),如超期使用须经审批。 ④加热设备应放置在通风干燥处,不直接放置在木桌、木板等易燃物品上,周围应有一定的散热空间,设备旁不能放置易燃易爆化学品、气体钢瓶、冰箱、杂物等,应远离配电箱、插座、接线板等设备
烘箱、电阻炉等加热设备须制订安全操作规程	①加热设备周边醒目位置张贴有高温警示标识,并有必要的防护措施,张贴有安全操作规程、警示标识。 ②烘箱等加热设备不准烘烤易燃、易爆试剂及易燃物品。 ③不得使用塑料筐等易燃容器盛放实验物品在烘箱等加热设备内烘烤。 ④使用烘箱完毕,须清理物品、切断电源,确认其冷却至安全温度后方能离开。 ⑤使用电阻炉等明火设备时须有人值守。 ⑥使用加热设备时,温度较高的实验须有人值守或有实时监控措施
使用明火电炉或者电吹风须有安全防范举措	①涉及化学品的实验室不使用明火电炉。如必须使用,须有安全防范措施。 ②不使用明火电炉加热易燃、易爆试剂。 ③明火电炉、电吹风、电热枪等使用完毕,须及时拔除电源插头。 ④不可用纸质、木质等材料自制红外灯烘箱

6.1 仪器设备使用要求

针对高校实验室设备,因在使用过程中可能产生触电、伤人、火灾等事故,故使用总体要求如下。

1)使用前

(1)仪器设备购入后,仪器设备管理人须按照购买合同进行验收。验收合格后,才能办理入库手续,建立"仪器设备台账"。

(2)仪器设备须由专人负责管理,且要求有清晰的技术安全管理制度和安全操作规程,并将其挂在仪器设备旁边或贴在设备上;危险设备应贴有警示标识。仪器设备管理人要掌握仪器设备操作、维护保养方法。

(3)当实验室还不具备仪器设备使用条件时,禁止使用,违者给予批评或处罚。

(4)仪器设备使用人员须经过培训,考核合格后才允许操作。

(5)国家规定需要持证上岗操作的仪器设备,操作者必须持有上岗证。

2)使用期间

(1)实验期间,实验人员不允许擅自离开实验岗位。

(2)操作重要或危险仪器设备时,须至少2人(含使用者)在场,但禁止2人同时操作仪器设备。

(3)夜间连续运行的仪器设备,必须有人看管。

(4)仪器设备使用过程中产生的有害废液或固体废弃物,要及时使用规定的容器收集,定点存放,由学校集中处理。

3)设备维护

(1)长期不用的仪器设备须每周开机通电半小时除湿,或以其他方式定期维护保养,使之保持良好状态。

(2)仪器应定期维护,在清洁或维修仪器设备时,应先断电并确保无人能开启设备后再进行清洁或维修工作。

6.2 机械设备的使用

对于理工类院校,机械设备是金工实习、机械等相关专业的实验基础。下面对几种常见机械设备的使用安全进行论述。

(1)使用前,要按规定做好设备的各项准备工作。个人防护用品要穿戴齐全,如工作服、工作帽、工作鞋、防护眼镜等。

(2)加工过程中所产生的带状切屑、螺旋状长切屑,操作者应用钩子及时清除,严禁用手拉;产生的碎屑片,要用毛刷清理,禁止用嘴吹。加工过程中,禁止用手触摸机床旋转部件、旋转工件或刀具;需要检查、测量工件时,先停机,再进行相关工作;禁止加工过程中调整工件和刀具;禁止操作者身体过于接近机床旋转部件、工件或刀具。

(3)设备工作过程中,禁止操作者身体过于接近温度极高的设备部件,禁止操作者用手触摸各高温工件部位或承压部位。对于刚刚制造完成的高温制件,禁止喷水冷却,须待温度自然降到室温后,再进行清理、检查、测量或搬运工作。

6.3　特种设备的使用

特种设备指在生产和生活中广泛使用的锅炉、压力容器、电梯、起重机械等承压类和机电类设备和设施。特种设备是一个国家经济水平的代表,是国民经济的重要基础装备。我国现有特种设备生产企业5万多家,已经形成从设计、制造、检测到安装、改造、修理等完整的产业链。特种设备具有在高温、高压、高空、高速条件下运行的特点,世界各国对这类设备、设施均实行特殊监管,以保障安全。

实验室的特种设备主要有压力容器、起重机械、气瓶3类。气瓶已在第5章进行论述,下面将主要从压力容器和起重机械两个方面进行介绍。

6.3.1　压力容器

(1)同时满足3个条件的设备属于压力设备管制范围:①最高工作压力大于或等于0.1 MPa;②压力与容积的乘积大于或等于2.5 MPa·L;③盛装气体、液化气体或最高工作温度大于或等于标准沸点的液体。

(2)必须使用具有压力容器生产资质的厂家生产的产品,并通过相应压力的安全检测。

(3)购买快开门压力容器时,应选购带有安全联锁装置的设备。

(4)压力容器在使用前,应当办理注册登记,取得《特种设备使用登记表》和《特种设备使用登记证》。

(5)压力容器应当按照国家有关规定进行定期检验,经特种设备检测部门检验合格后,方可继续使用。压力容器的安全附件要定期检验,压力表每半年检验一次,安全阀每年检验一次。

(6)压力容器的使用人员必须经过专门培训并取得相应的资格证书,严格按照压力容器操作规程操作。

(7)非压力容器负责人使用压力容器,应当首先得到压力容器负责人的许可,并做好使用记录。

(8)学生进行与高压力有关的实验必须得到导师的同意,并在导师的指导下进行。

(9)压力容器使用过程中,如果发现异常现象(如有不正常声音),应当立即停机,并通知压力容器负责人。

6.3.2　起重机械

(1)起重机械的管制范围:①额定起质量大于或等于0.5t的升降机;②额定起质量大于

或等于3t(或额定起重力矩大于或等于40t·m的塔式起重机,或生产率大于或等于300t/h的装卸桥),且提升高度大于或等于2m的起重机。

(2)起重机械在使用前,须确定设备是否具有特种设备使用登记证、检验合格证,并确定证件是否均在有效期内。

(3)起重机械操作人员须经过培训,持证上岗,并严格按照操作规程正确操作。

(4)起重机械不得起吊超过额定质量的物体。

(5)在起重机械操作范围内,起重臂和起吊重物下严禁站人。

6.4 加热设备的使用

加热设备包括明火电炉、电阻炉、恒温箱、干燥箱、水浴锅、电热枪和电吹风等。这些设备在使用过程中应注意以下几点。

(1)使用加热设备时,应采取必要的防护设备,严格按照操作规程操作。使用时,操作人员不得擅自离岗(或每隔10~15 min观察一次)。使用完毕,应立即断开电源。

(2)加热、产热仪器设备须放置在阻燃的、稳固的实验台或地面上,不得在其周围堆放易燃易爆物或杂物。

(3)禁止用电热设备烘烤溶剂、油品和塑料筐等易燃物。

(4)若加热时会产生有毒有害气体,则应放在通风橱中进行操作。

(5)加热物品需取出时,应在断电情况下,用铁夹或隔热手套将其取出。

(6)使用恒温水浴锅时,应避免干烧,并注意水不能溅到电器盒里。

(7)使用电热枪时,出风口严禁对人。使用电吹风及电热枪时,不得阻塞或覆盖其出风口和入风口,用后须拔出电源插头。

6.5 制冷设备的使用

实验室中使用的制冷设备主要为冰箱,冰箱的使用需要注意以下几点。

(1)实验室中冰箱应放置于通风良好处,周围不得有热源、易燃易爆物和气瓶等,且保证有一定的散热空间。

(2)存放危险化学品的冰箱应粘贴警示标志,冰箱内各药品须粘贴标签,并定期清理。

(3)危险化学品须储存在防爆冰箱或经过防爆改造的冰箱内,存放易挥发有机试剂的容器必须加盖密封,避免试剂在冰箱内挥发和积聚。

(4)存放强酸、强碱及腐蚀性的物品必须选择耐腐蚀的容器,并且置于托盘上存放于冰箱中。

(5)存放在冰箱内的试管(带塞子)、烧瓶等重心较高的容器应加以固定,防止在开关冰箱门时倾倒或破裂。

(6)实验室中的冰箱严禁存放食品及饮料等。

(7)若冰箱因断电停止工作,必须立即转移化学品并妥善保存。

第 7 章　辐射安全

辐射指能量以波或粒子的形式从辐射源发散到空间,包括热、声、光、电磁等辐射形式。针对辐射安全,教育部的管理和检查要求如表 7.1 所示。

表 7.1　高等学校实验室辐射安全检查项目表

检查项目	检查要点
辐射工作单位须取得辐射安全许可证	按规定在放射性核素种类和用量以及射线种类许可范围内开展实验。除已被豁免管理外,射线装置、放射源或者非密封放射性物质应纳入许可证范畴
辐射工作人员须经过专门培训,定期参加职业体检	①辐射工作人员具有《辐射安全与防护培训合格证书》,或者《生态环境部辐射安全与防护考核通过报告单》。 ②辐射工作人员按时参加放射性职业体检(每 2 年 1 次),建立健康档案。 ③辐射工作人员进入实验场所须佩戴个人剂量计,剂量计委托有资质的单位按时进行剂量监测(每 3 个月 1 次)
核材料许可证持有单位须建立专职机构或指定专人负责保管核材料,执行国家法律法规要求。有账目与报告制度,保证账物相符	持有核材料数量达到法定要求的单位须取得核材料许可证,有专职机构或指定专人负责核材料管制工作,核材料衡算和核安保工作执行国家法律法规要求
辐射设施和场所应设有警示、联锁和报警装置	①放射源储存库应设"双人双锁"制度,并有安全报警系统和视频监控系统。 ②辐照设施设备和射线装置具有能正常工作的安全联锁装置和报警装置,有明显的安全警示标识、警戒线和剂量报警仪

续表 7.1

检查项目	检查要点
辐射实验场所每年有合格的实验场所检测报告	查看场所辐射环境监测报告
放射性物质的转让、转移和运输应按规定报批	①放射源和放射性物质的转让、转移有学校及生态环境部门的审批备案材料,转让、转移前必须先做环境影响评价工作。 ②放射性物质的转移和运输有学校及公安部门的审批备案材料。 ③放射性物质及射线装置储存和使用场所变更应重新开展环境影响评价
各类放射性装置有符合国家相关规定的操作规程、安保方案及应急预案,并遵照执行	①重点关注 γ 辐照、电子加速器、射线探伤仪、非密封性放射性实验操作、V类以上的密封性放射性实验操作。 ②查看辐射事故应急预案及应急演练记录(每年不少于1次演练)
放射源及设备报废时有符合国家相关规定的处置方案或回收协议	①中、长半衰期核素固液废弃物有符合国家相关规定的处置方案或回收协议,短半衰期核素固液废弃物放置 10 个半衰期检测达标后并经审管部门的批准可以作为普通废弃物处理,并保存处置记录。 ②报废含有放射源或可产生放射性的设备,须报学校管理部门同意,并按国家规定进行退役处置。X 光管报废时应破坏高压设备,拍照留存。 ③涉源实验场所退役,须按国家相关规定执行
放射性废弃物(源)应严加管理,不得作为普通废弃物处理,不得擅自处置	①相关实验室应当配置专门的放射性废弃物收集桶,放射性废液送贮前应进行固化整备。 ②放射性废弃物应及时送交有资质的放射性废弃物集中贮存单位储存。 ③排放气态或液态放射性流出物应严格按照环境评价标准与地方生态环境部门批准的排放量和排放方式执行

7.1 辐射基础知识

7.1.1 放射性

自然界存在的不稳定核素的原子核会自发地转变成另一种原子核或另一种状态,并伴随一些粒子的发射。原子核自发地放射各种射线的性质,称为放射性。而能够自发地放射各种射线的核素,称为放射性核素。实验表明,对放射性核素加温、加压或加电磁场等,都不能抑制或显著地改变射线的发射。放射性现象是由原子核的变化引起的,与核外电子状态的改变关系很小。

原子核自发地放射出的射线,主要由 3 种成分组成。

(1) α 射线:在磁场或者电场中发生偏转,能量一般为 4~6MeV,速度接近光速的 1/10,穿透能力很弱,用一张普通的纸就能把它挡住,在空气中也只能飞行几厘米就被吸收掉了。但是它的电离作用很强,在穿过空气时可以电离空气。能够发生 α 衰变的原子核都为重核,质量数 A 小于 140 的原子核不具有 α 放射性。大多数重核都具有 α 放射性。

(2) β 射线:在磁场或者电场中发生偏转而且有两种偏转方向,所带电荷有正电荷和负电荷两种。β 射线是高速运动的电子流。能量为 MeV 级的 β 粒子速度接近光速,穿透能力比 α 射线强,可穿过几毫米厚的铝板,电离作用比 α 射线弱,但也能使空气电离。

(3) γ 射线:在磁场或者电场中不发生偏转,是一种不带电的中性粒子。研究表明,γ 射线是一种波长短能量大的电磁波。它从原子核里面发射出来,不带电,以光速运动。γ 射线能量一般在几十 keV 至几 MeV,穿透能力很强。能量为 MeV 级的 γ 射线能穿过几十厘米厚的铝板。

7.1.2 辐射的人体危害

辐射粒子与 DNA 分子的直接作用或产生的自由基与 DNA 分子的间接作用,可能造成 DNA 分子的单链断裂或双链断裂。单链断裂细胞可自行修复,双链断裂可造成错误修复(变异),甚至细胞死亡。这些有害的效应可分为两类:辐射效应显现在受照者本人身上的效应,称为躯体效应;出现在受照者后代身上的效应称为遗传效应。从另一角度,为便于进行危害分析,又可把辐射效应分为随机性效应与确定性效应两类。

辐射对人体的危害如表 7.2 所示。

表 7.2 辐射对人体的危害

分类	定义	躯体效应	遗传效应
随机性效应	效应发生率取决于剂量,严重程度与剂量无关。只能通过流行病学调查才能发现	非特异性的辐射致癌。即其他物理和化学物质也能引起相同的效应	各种遗传危害

续表 7.2

分类	定义	躯体效应	遗传效应
确定性效应	效应的严重程度取决于剂量,并存在剂量阈值。能准确判定由辐射引起	白内障、皮肤的良性损伤、骨髓内血细胞减少致造血障碍、性细胞受损致生育能力减退、血管和结缔组织受损等	—

7.2 辐射安全防护

7.2.1 安全防护目的

辐射防护的基本任务是保护环境、保障从事放射性工作人员和一般居民的健康与安全、保护他们的后代、促进原子能事业的发展。辐射防护的目的是在保证不对伴随辐射照射的有益实践造成过度限制的情况下为人类提供合适的保护。具体来讲就是要防止有害的确定性效应,限制随机性效应的发生率,使之达到被认为可以接受的水平。

7.2.2 辐射防护原则

尽量减少或避免射线从外部对人体进行照射,使人体所接受的照射剂量不超过国家规定的剂量限值。

辐射防护有三要素:时间、距离、屏蔽。累积剂量与受照时间成正比,故须充分准备,缩短受照时间。在辐射源为点源的情况下,剂量率与距离的平方成反比,故须远距离操作,任何源都不能直接用手操作。对任何形状的辐射源,当考察点与源的距离比辐射源本身的最大尺寸大 5 倍以上时,可将该辐射源视为点源,由此而带入的误差在 5% 以内。屏蔽防护中,根据辐射源的类型、射线能量、活度,选择适当的材料和相应的厚度进行屏蔽。

7.2.3 高校辐射工作注意事项

(1)使用放射性元素或射线装置的人员必须是年满 18 周岁、具备高中以上文化程度,体检符合放射性职业要求的正式职工。

(2)辐射工作人员必须遵守放射性相关法规,掌握防护知识,经省级以上环保部门培训,考核合格,取得辐射工作人员培训合格证方可上岗。

(3)辐射工作人员必须正确佩戴个人剂量计,接受个人剂量监督。

(4)购买放射性核素及放射装置必须向实验与设备管理中心申请批准备案,经当地环保部门审批,办理准购证后到指定厂家购买。放射源必须按规定妥善保管,不得丢失。

(5)严格区分放射性与非放射性废弃物,并妥善保存放射性废弃物。

(6)学生做放射性实验前,必须接受安全防护知识培训和安全教育,指导教师对学生负有监督和检查的责任。

(7)放射性实验必须在经主管部门批准的专用实验室内操作,严格执行操作规程,避免放射性事故的发生。

第 8 章　实验室常见防护用品的选择与使用

在实验人员操作过程中,为确保人员的安全,需要做好必要的防护措施。安全防护用品能有效防止工作人员受到物理、化学等有害因素的伤害。实验室的工作人员应根据不同级别的安全水平和工作性质来选择个人防护装置并掌握正确的使用方法。图 8.1 展示的是实验室可能用到的个人防护用品,包括头面部防护用品和身体防护用品等。

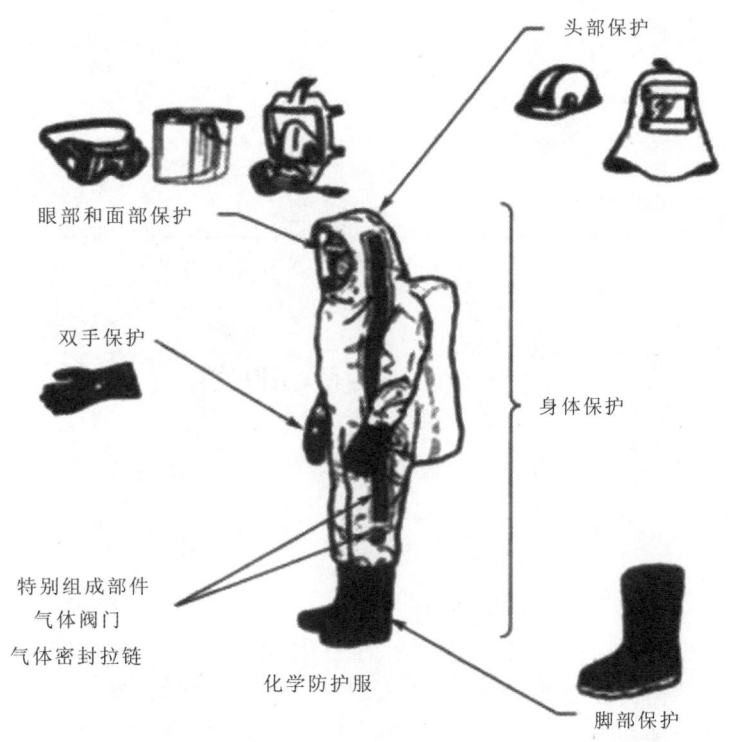

图 8.1　实验室个人防护用品

教育部高等学校实验室安全检查项目表中对防护用品的要求如表 8.1 所示。

安全防护用品应选择符合国家规定的,在危害评估的基础上按实际情况选择合适的个人防护用品。不得使用标识不清、破损或泄漏的防护用品。

除了个人防护用品外,实验室应在适当的位置摆放应急装置,用以处理突发的安全事故。

表 8.1　高等学校实验室防护用品安全检查项目表

检查项目	检查要点
实验人员须配备合适的个人防护用品	凡进入实验室人员须穿着质地合适的长袖实验服或防护服；按需要佩戴防护眼镜、防护手套、安全帽、防护帽、呼吸器或面罩（呼吸器或面罩在有效期内，不用时须密封放置）等；进行化学、生物和高温实验时，不得佩戴隐形眼镜；操作机床等旋转设备时，不得穿戴长围巾、丝巾、领带等；穿着化学、生物类实验服或戴实验手套，不得随意出入非实验区
个人防护用品分散存放，并有明显标识	防化服等个人防护用品分散存放在安全场所，紧急情况下便于取用
各类个人防护用品的使用有培训及定期检查维护记录	检查培训及维护记录

8.1　头面部防护

头面部防护主要包括头部、面部、眼部及呼吸道的防护，应针对不同实验环境分别选择对应的防护装置。

8.1.1　安全帽

在工程类等可能有物体打击、坠落的实验室中，应佩戴安全帽类的头部防护装置，利用安全帽各部位缓冲结构的弹性变形、塑性变形和允许的结构破坏，将大部分冲击力吸收，使作用到实验人员头部的冲击力有效降低，起到保护实验人员头部的作用。

常见的实验室安全帽有棉安全帽、林盾安全帽、工程安全帽等。另外，根据实验环境的要求，还可选择具有耐低温性能、耐燃烧性能、可满足电绝缘性能要求、侧向刚性要求等种类的安全帽。

8.1.2　面罩

实验人员在某些粉尘、雾、烟、毒气及蒸气环境中暴露，可能会导致疾病甚至死亡。在较严重的污染环境中应坚持佩戴面罩，可有效隔绝污染物的毒害。一只防护面罩是否有效，应由呼气阀、过滤棉等决定。如果有呼吸阻力明显增加、滤尘棉有脏污破损等情况发生,或者佩戴时能闻到有害物味道,应立即离开工作环境到安全的地方更换滤尘棉或滤毒盒。

佩戴后应检查面具与脸的贴合性,检测可分为正压密合性检测和负压密合性检测。

(1)正压密合性检测:将手掌盖住呼气阀轻轻呼气,面具会轻微鼓起。如果有空气从脸部密合处漏出,应调整面具的位置,再把头带拉紧些。如果还是不能达到佩戴的密合性要求,请不要进入污染区域,并询问实验室安全责任人。

(2)负压密合性检测:①滤尘棉使用者用拇指堵住滤尘棉的中央部位后轻轻吸气,面具会轻微塌陷,如果有空气从脸部密合处进入,应调整面具的位置,再把头带拉紧些;②滤毒盒使用者用手掌盖住滤毒盒后轻轻吸气,面具会轻微塌陷,如果有空气从脸部密合处进入,应调整面具的位置,再把头带拉紧些。

8.1.3 防护眼镜

不同的场合,对眼睛防护的需求不同。防飞溅眼镜、激光防护眼镜等可保护眼睛免受碎屑、激光、化学溶液喷溅等损伤。常见的防护眼镜样式如图 8.2 所示,防护眼镜常见分类见表 8.2。

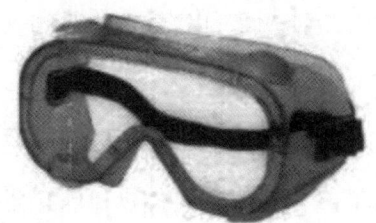
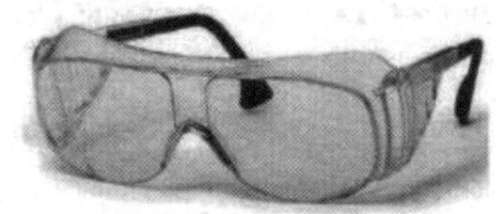

图 8.2 常见的防护眼镜样式

表 8.2 防护眼镜的分类

防护眼镜种类	适用环境
防固体碎屑护目镜	在金属切削作业、混凝土作业、固定式砂轮机作业、手提砂轮机作业和各类电钻钻孔等作业时适合于佩戴这种护目镜。它们能防止金属碎片或屑、砂尘、石屑、混凝土屑等飞溅物对眼部的打击,可分为硬质玻璃片护目镜、胶质黏合玻璃护目镜(受冲击、击打破碎时呈龟裂状,不飞溅)、钢丝网护目镜等
防紫外线和强光用的防紫外线护目镜	据相关部门统计,每年在焊接作业中因防护眼镜佩戴不当而引起的工伤事故不在少数。正确使用防护眼镜对作业人员的安全起着十分重要的作用

续表 8.2

防护眼镜种类	适用环境
防有害液体的护目镜	主要用于防止酸、碱等液体及其他危险注入体与化学品对眼睛的伤害。一般镜片用普通玻璃制作,镜架用非金属耐腐蚀材料制成
防 X 射线护目镜	在制作镜片的玻璃中加入一定量的金属铅面制成的铅制玻璃片的护目镜,可以防止 X 射线对眼部的伤害
防尘、烟及有轻微毒性或刺激性较弱的有毒气体的防护镜	密封、遮边无通风孔,与面部接触严密,镜架要耐酸、耐碱。主要用于与各类防有毒气体、防烟雾面具装配使用

为了保护自己眼睛,应该尤为注意防护眼镜的使用方法与注意事项。

(1)挑选、戴大小合适的防护眼镜,以防作业时晃动和脱落,影响使用效果。

(2)眼镜框架与脸部要密合,避免侧面漏光。必要时应使用带有护眼罩或防侧光型眼镜。

(3)防止眼镜受潮、受压,以免变形损坏或漏光。

(4)防护眼镜的滤光片被飞溅物损伤时,要及时更换。

(5)保护片和滤光片组合使用时,镜片的屈光度必须相同。

(6)对于送风式、带有防尘、防毒面罩的焊接眼镜,应严格按照有关规定保养和使用。

8.1.4 口罩与防毒面具

在可能存在污染的环境中应坚持佩戴呼吸道防护装置,可有效隔离污染物对人体的侵害。常用装置一般有在有害气体环境中使用活性炭材料的防毒面具,在颗粒物环境中采用的防尘口罩。有的环境既有粉尘又有有害气体,则可选择综合防毒面具。

防护装置的效果取决于过滤元件的过滤效率,以及防护装置与面部贴合的紧密程度。因此口罩与防毒面具必须分大小型号,否则容易漏气,起不到防护作用。

8.2 身体防护

身体防护主要包括手部、身体、脚部的防护。

8.2.1 手套

手是直接接触实验材料的部位之一,手部的防护十分重要。实验前戴好手套,是有效的防护手段之一。在实验过程中,接触不同试剂时需要使用不同材料的手套进行防护。一旦使用了错误的手套,很可能会增加接触有害试剂的概率,从而增加安全隐患。所以选择正确、合适的手套十分重要。手套的种类可分为PE手套、丁基橡胶手套、丁腈橡胶手套等,其适用环境和不适用环境见表8.3。

表8.3 手套的分类

手套种类	适用环境	不适用环境
PE手套	具有很好的防水和防菌功能,常用于日常生活中	对大部分试剂没有防护作用,不能用于实验室手部防护
丁基橡胶手套	有很好的气密性和防水性,对酮类和酯类有很好的防护作用	不推荐在使用脂肪族、芳香族、汽油等试剂的相关实验中作为手部防护
丁腈橡胶手套	高校日常实验中最常使用,对油类、酒精、酸碱等很多试剂有很好的防护作用。中型无衬及轻型有衬丁腈橡胶手套还具有较好的物理防切、耐磨等特点	对酮类、氧化性酸、含氮有机物防护能力有限,做相关实验室时不推荐使用
乳胶手套	适用于防护大部分酸类、盐类和酒精	不适用于防护芳香族和卤化溶剂
氯丁橡胶手套	对有机酸、酒精、酚类、过氧化物等试剂有很好的防护作用	对芳香族、卤化溶剂防护能力有限
PVC手套	对酒精和酸有很好的防护作用	不推荐用来防护芳香族、卤化溶剂、酮类试剂
PVA手套	可防护大部分溶剂	不能用于防护无机酸和酒精
耐高温手套	高温实验环境应选择耐高温手套,如碳纤维耐高温手套、石棉耐高温手套、玻璃耐高温手套、纤维耐高温手套、芳纶耐高温手套等。可根据实验环境温度选择普通耐高温手套、阻燃耐高温手套、无尘耐高温手套、防静电耐高温手套、无尘防静电耐高温手套、防切割耐磨耐高温手套等	不能防范化学品伤害

续表 8.3

手套种类	适用环境	不适用环境
线胶手套	主要适合建筑、道路修建、机械制造、石材开采、装卸搬运及农业等作业场合	不能用于含酸碱作业,内衬为涤棉纱材质的线胶手套不能用于井下、隧道作业,不能用于高温作业,不能用于带电作业
帆布手套	一般为多股线织造,坚牢耐磨、紧密厚实、结实耐用,常用于作业剧烈程度很高的实验室环境,如机械加工、电焊、建筑、石矿、纺织、打磨、五金铸造、电子、物料处理、搬运等	不能防范化学品伤害,也不能用于带电、高温环境

8.2.2 实验服和工作服

为保护服饰免受实验过程中的粉尘、液体飞溅污染,或为保持实验室的环境洁净,一般进入实验室时要求身着实验服,一般是白大褂样式。进入电子、光学仪器、医药、生物、精密仪器等行业的实验室,应穿着具有无尘、滤尘、防静电等性能的特种工作服。

8.2.3 防护靴

实验室一般要求无菌无尘。处于易燃易爆的环境中时,应穿着防静电防护靴,可以降低空气中悬浮微粒浓度,控制污染物,降低静电危害。

有的实验室存放强酸强碱液体,应穿着耐酸碱防护鞋,可以防止化学制剂溅到脚面,对脚部造成伤害。

8.3 应急装备

在实验人员操作过程中,对于意外突发状况,应采取相关应急措施。在实验室中配置相应的医疗急救装置及用品,可在一定程度上确保实验人员受到意外伤害时第一时间得到医疗救护,保障实验人员健康。应急装备有急救箱、喷淋洗眼装置、应急车、应急柜等。

8.3.1 急救箱

针对实验室中可能遇到的伤害,典型的急救箱应具备如表8.4所示的功能。

表 8.4 急救箱常用功能

需解决的问题	解决方案	所需典型物品
急救技能学习	急救知识教学	急救知识光盘、急救手册
伤口处理	清创消毒、创面保护、伤口包扎	碘伏消毒液、清洁湿巾、医用酒精棉片、医用脱脂棉球、双氧水、创口贴、医用敷贴、卡扣式止血带、医用夹板、一次性医用橡胶手套、敷料、镊子、安全别针、圆头剪刀
应急求救	发光、发声装置	高频救生哨、应急手电筒
紧急救护	止血、心肺复苏、冷敷	医用绷带、瞬冷冰袋、急救毯
特殊伤害处理	酸碱中和清洗、烧烫伤处理	烧伤辅料、呼吸面罩、降温贴

急救箱一般有手提式和壁挂式，一般应放置或挂放于实验室中醒目且便于取放物品的位置。典型的急救药箱如图 8.3 所示。

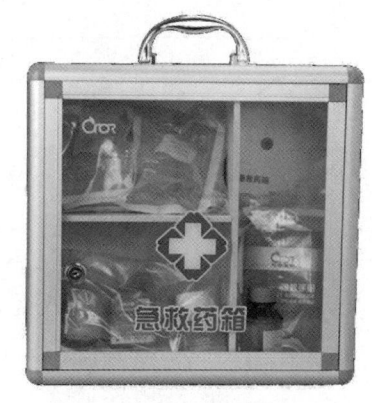

(a) 手提式急救药箱　　　　　　　　　(b) 壁挂式急救药箱

图 8.3　急救药箱

应有专人负责管理急救药箱，定期清查急救用品是否需要增补，或是否过期需要更换等。

8.3.2　喷淋和洗眼装置

当实验人员躯体、脸部、眼睛等部位受到酸、碱、有机物等有毒、有腐蚀性的物质侵害时，应及时使用喷淋和洗眼装置进行快速且有效的冲洗、喷淋，使受伤害程度降到最低。

教育部的管理和检查要求如表8.5所示。

表8.5 高等学校实验室应急喷淋和洗眼装置检查项目表

检查项目	检查要点
存在可能受到化学和生物伤害的实验区域，须配置应急喷淋和洗眼装置	有显著引导标识
应急喷淋和洗眼装置安装合理，并能正常使用	装置安装地点与工作区域之间畅通，距离不超过30m；应急喷淋装置安装位置合适，拉杆位置合适、方向正确；应急喷淋装置水管总阀处常开状态，喷淋头下方无障碍物；不能以普通淋浴装置代替应急喷淋装置；洗眼装置接入生活用水管道，水量水压适中（喷出高度在8~10cm之间），水流畅通平稳
定期对应急喷淋和洗眼装置进行维护	有检查记录（每月启动一次阀门，时刻保证管内流水畅通）；每周擦拭洗眼喷头，无锈水、脏水

喷淋和洗眼装置配件要齐全，整洁干净，位置合理，方便使用。典型的喷淋和洗眼装置如图8.4所示。

喷淋和洗眼装置的安装十分重要。装置应安装在危险源头附近，实验人员需要使用时最好能10s内快步到达洗眼器的区域范围内，并避免越层救护。在距离洗眼器1.5m半径范围内，不能有电器开关，以免发生短路，同时，洗眼器旁边严禁堆放、悬挂物品；供水总阀必须常开，不得关闭，并安排专人定期检查上、下水情况。

喷淋和洗眼装置使用方法如下。

(1)眼部伤害：取下冲眼喷头防尘罩，压下冲眼喷头阀门，将眼部移到冲眼喷头上方，根据出水高度调节眼部与出水喷头的距离。在眼部移至冲眼喷头出水上方时，喷出的水应清澈；眼睛在冲洗时要睁开，眼珠来回转动；连续冲洗时间不得少于15min，再进行就医治疗。

(2)躯体伤害：脱去被污染的衣物，取下冲眼喷头防尘罩，压下冲眼喷头阀门。不得隔着衣物冲洗伤害部位；连续冲洗时间不得少于15min，再根据实际情况确定是否送医治疗。

8.3.3 应急车

化学试剂泄露应急车专门用于存放应急防护用品，防护用品的分布较为合理。典型的应急车见图8.5。应急车中的标准配置一般如表8.6所示。

第 8 章 实验室常见防护用品的选择与使用

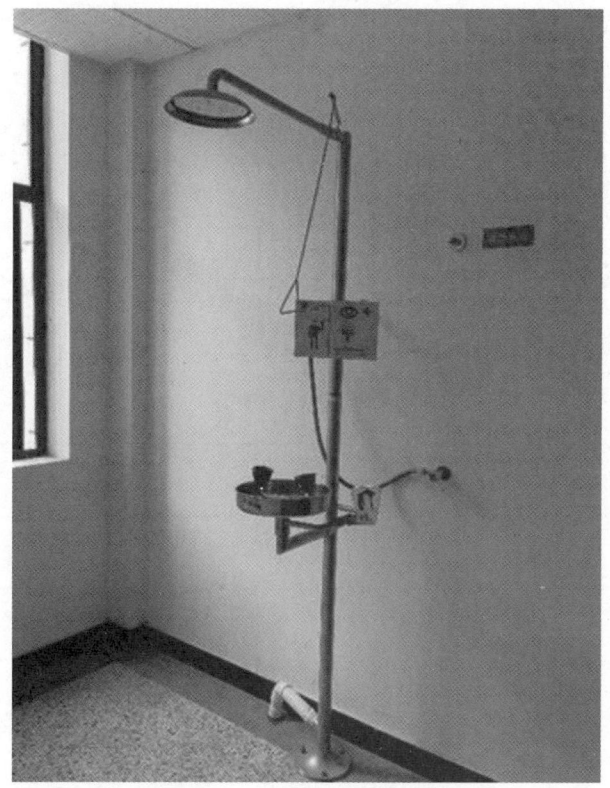

图 8.4 喷淋和洗眼装置

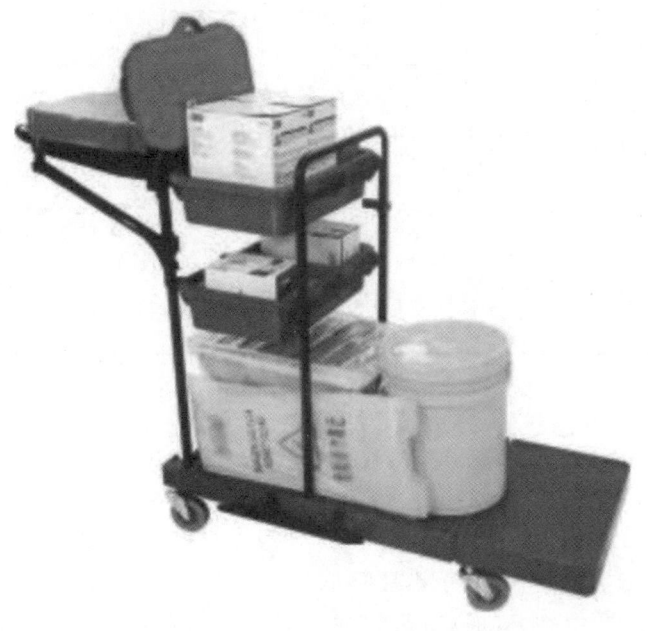

图 8.5 应急车

表 8.6 应急车的标准配置

产品名称	数量	产品名称	数量
应急泄露箱	1个	滤毒盒	4个
防化围裙	2件	颗粒物滤棉	4片
防化手套	2双	滤棉盖	4个
防化鞋套	2双	防化服	2件
一次性丁腈手套	8双	塑料洗瓶	1个
吸附垫	10片	扩音机	1台
废弃物暂存袋(小)	6个	对讲机	4台
酸碱试纸	1包	塑料簸箕和刷子	1套
不锈钢剪刀	1把	盘式警戒带	1件
不锈钢实验钳	2把	书写板	1个
扎条	1包	食盐	1包
废弃物暂存罐	1个	事故应急处理表	6张
吸附棉条	1盒	VOC环境监测仪器	1台
吸附枕	3个	危险警示牌	2个
废弃物周转箱	1个	急救包	1个
呼吸防护全面罩	2个	防化靴	2双

8.3.4 应急柜

应急柜应具备优异的防火性、防腐性、耐水性、热稳定性和电绝缘性,承重一般在100kg以上。柜内存储的物品应一目了然,便于迅捷存取。应急柜要放在方便使用的地点,柜里的应急设备要齐全并进行定期检查,同时柜门要保持开放状态,不要紧锁。柜体上方应有醒目提醒标志。典型的应急柜如图 8.6 所示。

图 8.6　应急柜

一个典型的应急柜中可配置如表 8.7 所示的物品。

表 8.7　典型应急柜的配置

名称	规格	数量
碳酸氢钠	500g	1 瓶
防护眼镜	3M	2 副
多功能救生哨	—	1 个
消防过滤式自救呼吸器	盒装	2 个
消防头盔	—	2 个
灭火毯（大）	1.2m×1.8m	1 块

续表 8.7

名称	规格	数量
灭火毯(小)	1.0m×1.0m	1块
反光衣	—	2件
自吸过滤式防颗粒物口罩	17.5cm×8.5cm	20个
多功能工具锤	—	1把
防滑手套	20.5cm	2副
急救药箱	ZE-L-006B	1套
安全应急柜	—	1个

主要参考文献

蔡乐,2018.高等学校化学实验室安全基础[M].北京:化学工业出版社.

陈仕云,王玮,2023.高校实验室安全智能信息化管理的研究探索[J].山东化工,52(2):196-197,201.

陈婷婷,陈琳,聂秋林,等,2018.高校危险化学品安全培训探索与实践[J].实验室研究与探索,37(12):300-303.

陈卫华,2017.实验室安全风险控制与管理[M].北京:化学工业出版社.

戴本忠,2017.高等学校物理与材料类实验室安全手册[M].北京:化学工业出版社.

董雪,祁宁,邢铁玲,等,2021.高校燃烧与热防护类实验室安全管理研究与实践[J].实验室研究与探索,40(5):295-299.

方向阳,赵军,白元,2022.化学品安全生产监管的主要问题及对策[J].当代化工研究(12):8-10.

费妮娜,李晨晨,孙莉,等,2021.高校实验室气体安全管理机制探索与实践[J].实验室研究与探索,40(11):301-304.

冯尚国,邱明,马小梅,等,2018.高校生物实验室危险化学品安全管理现状及对策研究[J].科技资讯,16(9):236-237,243.

高建伟,符江锋,2021.高校科研实验室安全综合防护技术研究[J].中国现代教育装备(7):39-42.

古旭,尹晓丹,张文娟,2023.教育现代化视阈下基于学生需求的高校实验室安全教育调查及网络课程建设[J].中国现代教育装备(1):53-56.

郭依舒,李仕玉,乔德旗,等,2022.高校危险化学品安全管理系统建设的实践研究——以郑州大学为例[J].华北水利水电大学学报(社会科学版),38(4):60-66.

韩广发,2022.高校危险化学品安全管理探索[J].化纤与纺织技术,51(7):125-127.

何淼,赵明,周刚,等,2023.高校实验室安全准入考试系统的优化与实践[J].实验室研究与探索,42(1):325-329.

侯培森,武桂珍,2008.化学实验室安全管理相关法律法规资料汇编[M].北京:北京大学医学出版社.

胡洪超,蒋旭红,舒绪刚,2019.实验室安全教程[M].北京:化学工业出版社.

黄开胜,2019.清华大学实验室安全手册[M].北京:清华大学出版社.

黄善斌,张宇,覃冯,等,2023.基于高校智慧化实验室建设的安全准入体系研究[J].行政事业资产与财务(7):118-120.

姜周曙,冯建跃,林海旦,等,2021.高校实验室消防安全常见误区及正确防范[J].实验室研究与探索,40(2):289-293,306.

李博,黄中雨,石磊,等,2021.高校实验室危险废物规范化管理模式构建的探索及分析[J].当代化工研究(14):187-188.

李五一,2006.高等学校实验室安全概论[M].杭州:浙江摄影出版社.

李晓蔚,关晓琳,赵小亮,2023.基于教育部《高等学校实验室安全检查项目表》构建实验室安全检查系统[J].中国轻工教育,26(2):48-53,61.

李志红,2014.100起实验室安全事故统计分析及对策研究[J].实验技术与管理,31(4):210-213,216.

梁志武,2022.化工安全与环保[M].北京:化学工业出版社.

刘斌,2017.高校实验室消防安全管理的必要性与实践途径研究[J].现代职业教育(6):165.

刘晋旭,周铭,2020.中美实验室危险废物管理规范的比较研究[J].上海环境科学,39(3):102-107,122.

吕明泉,2020.化学实验室安全操作指南[M].北京:北京大学出版社.

马丽萍,曾向东,黄小凤,等,2020.实验室废物处理处置与管理[M].北京:化学工业出版社.

孟星圻,刘慧晴,王晋元,等,2021.高校学生实验室安全自我防护"知-信-行"现状研究[J].实验科学与技术,19(5):154-159.

苗豪梅,黄开胜,艾德生,等,2022.高校实验室危险废物管理研究与实践[J].实验技术与管理,39(10):208-212.

宁信,王满意,虞俊超,等,2020.高校实验气体技术安全管理的实践与成效[J].实验室科学,23(6):215-217,221.

彭卫芳,睢罡,曹新亭,2022.化学实验室的安全管理与防护[J].化工管理(15):18-20.

秦川,2017.实验室生物安全事故防范和管理[M].北京:科学出版社.

曲若冰,2023.建设高校实验室安全管理制度的探索[J].科技风(2):144-146.

苏昱,何芯,刘杰,等,2017.石化实验室消防安全管理现状及对策探讨[J].化工设计通讯,43(6):42,85.

孙得成,卜全民,梅宇骁,2018.浅析危险化学品安全储存管理[J].安徽警官职业学院学报,17(1):12-15.

孙玲玲,2013.高校实验室安全与环境管理导论[M].杭州:浙江大学出版社.

王传虎,吕思斌,2018.实验室安全知识手册[M].合肥:安徽大学出版社.

王满意,宁信,虞俊超,等,2022.高校危险气体管理现状及改进策略探究[J].实验室研究与探索,41(1):312-316.

王琼,肖康,王义成,等,2023.高校实验室危险废物全过程管理体系建设与实践[J].实验室科学,26(2):182-186.

王钰钦.危险化学品企业对照检查力保生产安全[N].山西青年报,2022-06-24(4).

徐格宁,袁化临,2008.机械安全工程[M].北京:中国劳动社会保障出版社.

徐三强,彭韬明,2023.高校化工实验室分级分类安全教育与准入体系建设探究[J].化工管理(4):113-116.

杨申仲,李秀中,岳云飞,等,2022.特种设备管理与事故应急预案:2版[M].北京:机械工业出版社.

杨巍,刘晶,温雨彬,2022.浅谈实验室乙炔气体安全使用与管理[J].现代职业安全(12):44-46.

杨晓峰,渠晖,虞俊超,等,2023."共享理念"在高校实验室安全管理中的运用[J].实验室研究与探索,42(1):316-320.

曾应文,2018.我国危险化学品安全管理现状与对策[J].化工管理(5):1,3.

翟丽霞,2020.高校实验室消防安全管理现状及对策[J].科学咨询(45):67-68.

张才,2023."三全育人"视域下应用型本科院校实验室安全教育模式探究——以金陵科技学院为例[J].江苏经贸职业技术学院学报(2):54-58.

张璐,田鹏,汪洪玲,2023.高校实验室管制类危险化学品安全管理体系探究[J].黑龙江教育:高教研究与评估,3(3):38-40.

张强,2018.关于高校实验室消防安全管理问题分析[J].科技风(13):220.

张喆,2021.实验室安全防护配套设施及制度管理[J].中国检验检测,29(2):94-95.

赵宏亮,卢凡,2018.高校实验室危险废物管理问题与对策[J].实验技术与管理,35(7):255-258.

赵华绒,方文军,王国平,2013.化学实验室安全与环保手册[M].北京:化学工业出版社.

赵雨霄,白亮,马庆,等,2021.实验室危险废物"治管服"工作探究[J].实验室研究与探索,40(10):305-308.

周声雷,2021.核辐射及其安全防护策略分析[C].中国医学装备协会.中国医学装备大会暨2021医学装备展览会论文汇编.北京:中国医学装备协会《中国医学装备》杂志社:90-92.

卓启明,刘文礼,王卫东,等,2023.高校实验室安全教育课程体系建设——以中国矿业大学(北京)为例[J].高教学刊,9(4):51-54.

附　录

附录 1　补充资料

名称	二维码
第 1 章　绪论	
第 2 章　水电安全	
第 3 章　消防安全	
第 4 章　化学品安全	
第 5 章　用气安全 & 第 6 章　设备安全	
第 7 章　辐射安全	
第 8 章　实验室常见防护用品的选择与使用	
规章制度	

附录 2　易制毒易制爆化学品名录

表 2.1　易制毒化学品名录

类别	名称	CAS 号
第一类	1-苯基-2-丙酮	103-79-7
	3,4-亚甲基二氧苯基-2-丙酮	4676-39-5
	胡椒醛	120-57-0
	黄樟素	94-59-7
	黄樟油	8006-80-2
	异黄樟素	120-58-1
	N-乙酰邻氨基苯酸	89-52-1
	邻氨基苯甲酸	118-92-3
	麦角酸*	82-58-6
	麦角胺*	113-15-5
	麦角新碱*	60-79-7
	麻黄素（注 3）*	321-98-2
	羟亚胺	90717-16-1
	1-苯基-2-溴-1-丙酮	23022-83-5
	3-氧-2-苯基丁腈	5558-29-2
	N-苯乙基-4-哌啶酮	39742-60-4
	4-苯胺基-N-苯乙基哌啶	21409-26-7
	N-甲基-1-苯基-1-氯-2-丙胺	25394-24-5
	邻氯苯基环戊酮	6740-85-8

续表 2.1

类别	名称	CAS 号
第二类	苯乙酸	103-82-2
	醋酸酐	108-24-7
	三氯甲烷	67-66-3
	乙醚	60-29-7
	哌啶	110-89-4
	溴素	7726-95-6
	1-苯基-1-丙酮	93-55-0
	苯乙酸钠	114-70-5
	苯乙酸钾	13005-36-2
	α-苯乙酰乙酸甲酯	16648-44-5
	α-乙酰乙酰苯胺	102-01-2
	3,4-亚甲基二氧苯基-2-丙酮缩水甘油酸	2167189-50-4
	3,4-亚甲基二氧苯基-2-丙酮缩水甘油酯	13605-48-6
第三类	甲苯	108-88-3
	丙酮	67-64-1
	甲基乙基酮	78-93-3
	高锰酸钾	7722-64-7
	硫酸	7664-93-9
	盐酸	7647-01-0
	苯乙腈	140-29-4
	γ-丁内酯	96-48-0

注:1. 第一类、第二类所列物质可能存在的盐类,也纳入管制。

2. 带有 * 标记的品种为第一类中的药品类易制毒化学品,第一类中的药品类易制毒化学品包括原料药及其单方制剂。

3. 含麻黄素、伪麻黄素、消旋麻黄素、去甲麻黄素、甲基麻黄素、麻黄浸膏、麻黄浸膏粉等麻黄素类物质。

表 2.2 易制爆危险化学品名录

序号	品名	别名	CAS 号	主要的燃爆危险性分类
1 酸类				
1.1	硝酸		7697-37-2	氧化性液体,类别 3
1.2	发烟硝酸		52583-42-3	氧化性液体,类别 1
1.3	高氯酸(浓度＞72%)	过氯酸	7601-90-3	氧化性液体,类别 1
	高氯酸(浓度为 50%～72%)			氧化性液体,类别 1
	高氯酸(浓度≤50%)			氧化性液体,类别 2
2 硝酸盐类				
2.1	硝酸钠		7631-99-4	氧化性固体,类别 3
2.2	硝酸钾		7757-79-1	氧化性固体,类别 3
2.3	硝酸铯		7789-18-6	氧化性固体,类别 3
2.4	硝酸镁		10377-60-3	氧化性固体,类别 3
2.5	硝酸钙		10124-37-5	氧化性固体,类别 3
2.6	硝酸锶		10042-76-9	氧化性固体,类别 3
2.7	硝酸钡		10022-31-8	氧化性固体,类别 2
2.8	硝酸镍	二硝酸镍	13138-45-9	氧化性固体,类别 2
2.9	硝酸银		7761-88-8	氧化性固体,类别 2
2.10	硝酸锌		7779-88-6	氧化性固体,类别 2
2.11	硝酸铅		10099-74-8	氧化性固体,类别 2

续表 2.2

序号	品名	别名	CAS 号	主要的燃爆危险性分类
3　氯酸盐类				
3.1	氯酸钠		7775-09-9	氧化性固体,类别1
	氯酸钠溶液			氧化性液体,类别3*
3.2	氯酸钾		3811-04-9	氧化性固体,类别1
	氯酸钾溶液			氧化性液体,类别3*
3.3	氯酸铵		10192-29-7	爆炸物,不稳定爆炸物
4　高氯酸盐类				
4.1	高氯酸锂	过氯酸锂	7791-03-9	氧化性固体,类别2
4.2	高氯酸钠	过氯酸钠	7601-89-0	氧化性固体,类别1
4.3	高氯酸钾	过氯酸钾	7778-74-7	氧化性固体,类别1
4.4	高氯酸铵	过氯酸铵	7790-98-9	爆炸物,1.1项;氧化性固体,类别1
5　重铬酸盐类				
5.1	重铬酸锂		13843-81-7	氧化性固体,类别2
5.2	重铬酸钠	红矾钠	10588-01-9	氧化性固体,类别2
5.3	重铬酸钾	红矾钾	7778-50-9	氧化性固体,类别2
5.4	重铬酸铵	红矾铵	7789-09-5	氧化性固体,类别2*
6　过氧化物和超氧化物类				
6.1	过氧化氢溶液（含量>8%）	双氧水	7722-84-1	(1)含量≥60%氧化性液体,类别1;(2)20%≤含量<60%氧化性液体,类别2;(3)8%<含量<20%氧化性液体,类别3

续表 2.2

序号	品名	别名	CAS 号	主要的燃爆危险性分类
6.2	过氧化锂	二氧化锂	12031-80-0	氧化性固体,类别 2
6.3	过氧化钠	双氧化钠;二氧化钠	1313-60-6	氧化性固体,类别 1
6.4	过氧化钾	二氧化钾	17014-71-0	氧化性固体,类别 1
6.5	过氧化镁	二氧化镁	1335-26-8	氧化性液体,类别 2
6.6	过氧化钙	二氧化钙	1305-79-9	氧化性固体,类别 2
6.7	过氧化锶	二氧化锶	1314-18-7	氧化性固体,类别 2
6.8	过氧化钡	二氧化钡	1304-29-6	氧化性固体,类别 2
6.9	过氧化锌	二氧化锌	1314-22-3	氧化性固体,类别 2
6.10	过氧化脲	过氧化氢尿素;过氧化氢脲	124-43-6	氧化性固体,类别 3
6.11	过乙酸(含量≤16%,含水≥39%,含乙酸≥15%,含过氧化氢≤24%,含有稳定剂)	过醋酸;过氧乙酸;乙酰过氧化氢	79-21-0	有机过氧化物,F 型
6.11	过乙酸(含量≤43%,含水≥5%,含乙酸≥35%,含过氧化氢≤6%,含有稳定剂)	过醋酸;过氧乙酸;乙酰过氧化氢	79-21-0	易燃液体,类别 3;有机过氧化物,D 型
6.12	过氧化二异丙苯(52%<含量≤100%)	二枯基过氧化物;硫化剂 DCP	80-43-3	有机过氧化物,F 型

续表 2.2

序号	品名	别名	CAS 号	主要的燃爆危险性分类
6.13	过氧化氢苯甲酰	过苯甲酸	93-59-4	有机过氧化物,C 型
6.14	超氧化钠		12034-12-7	氧化性固体,类别 1
6.15	超氧化钾		12030-88-5	氧化性固体,类别 1
7 易燃物还原剂类				
7.1	锂	金属锂	7439-93-2	遇水放出易燃气体的物质和混合物,类别 1
7.2	钠	金属钠	7440-23-5	遇水放出易燃气体的物质和混合物,类别 1
7.3	钾	金属钾	7440-09-7	遇水放出易燃气体的物质和混合物,类别 1
7.4	镁		7439-95-4	(1)粉末:自热物质和混合物,类别 1;遇水放出易燃气体的物质和混合物,类别 2。(2)丸状、旋屑或带状:易燃固体,类别 2
7.5	镁铝粉	镁铝合金粉		遇水放出易燃气体的物质和混合物,类别 2;自热物质和混合物,类别 1
7.6	铝粉		7429-90-5	(1)有涂层:易燃固体,类别 1;(2)无涂层:遇水放出易燃气体的物质和混合物,类别 2
7.7	硅铝 / 硅铝粉		57485-31-1	遇水放出易燃气体的物质和混合物,类别 3

续表 2.2

序号	品名	别名	CAS 号	主要的燃爆危险性分类
7.8	硫磺	硫	7704-34-9	易燃固体,类别 2
7.9	锌尘		7440-66-6	自热物质和混合物,类别 1;遇水放出易燃气体的物质和混合物,类别 1
	锌粉			自热物质和混合物,类别 1;遇水放出易燃气体的物质和混合物,类别 1
	锌灰			遇水放出易燃气体的物质和混合物,类别 3
7.10	金属锆		7440-67-7	易燃固体,类别 2
	金属锆粉	锆粉		自燃固体,类别 1;遇水放出易燃气体的物质和混合物,类别 1
7.11	六亚甲基四胺	六甲撑四胺;乌洛托品	100-97-0	易燃固体,类别 2
7.12	1,2-乙二胺	1,2-二氨基乙烷;乙撑二胺	107-15-3	易燃液体,类别 3
7.13	一甲胺(无水)	氨基甲烷;甲胺	74-89-5	易燃气体,类别 1
	一甲胺溶液	氨基甲烷溶液;甲胺溶液		易燃液体,类别 1
7.14	硼氢化锂	氢硼化锂	16949-15-8	遇水放出易燃气体的物质和混合物,类别 1
7.15	硼氢化钠	氢硼化钠	16940-66-2	遇水放出易燃气体的物质和混合物,类别 1

续表 2.2

序号	品名	别名	CAS 号	主要的燃爆危险性分类
7.16	硼氢化钾	氢硼化钾	13762-51-1	遇水放出易燃气体的物质和混合物,类别 1
8 硝基化合物类				
8.1	硝基甲烷		75-52-5	易燃液体,类别 3
8.2	硝基乙烷		79-24-3	易燃液体,类别 3
8.3	2,4-二硝基甲苯		121-14-2	
8.4	2,6-二硝基甲苯		606-20-2	
8.5	1,5-二硝基萘		605-71-0	易燃固体,类别 1
8.6	1,8-二硝基萘		602-38-0	易燃固体,类别 1
8.7	二硝基苯酚(干的或含水<15％) 二硝基苯酚溶液		25550-58-7	爆炸物,1.1 项
8.8	2,4-二硝基苯酚(含水≥15％)	1-羟基-2,4-二硝基苯	51-28-5	易燃固体,类别 1
8.9	2,5-二硝基苯酚(含水≥15％)		329-71-5	易燃固体,类别 1
8.10	2,6-二硝基苯酚(含水≥15％)		573-56-8	易燃固体,类别 1
8.11	2,4-二硝基苯酚钠		1011-73-0	爆炸物,1.3 项

续表 2.2

序号	品名	别名	CAS 号	主要的燃爆危险性分类
\multicolumn{5}{c}{9 其他}			
9.1	硝化纤维素[干的或含水(或乙醇)<25%]	硝化棉	9004-70-0	爆炸物,1.1项
	硝化纤维素(含氮≤12.6%,含乙醇≥25%)			易燃固体,类别1
	硝化纤维素(含氮≤12.6%)			易燃固体,类别1
	硝化纤维素(含水≥25%)			易燃固体,类别1
	硝化纤维素(含乙醇≥25%)			爆炸物,1.3项
	硝化纤维素(未改型的,或增塑的,含增塑剂<18%)			爆炸物,1.1项
	硝化纤维素溶液(含氮量≤12.6%,含硝化纤维素≤55%)	硝化棉溶液		易燃液体,类别2
9.2	4,6-二硝基-2-氨基苯酚钠	苦氨酸钠	831-52-7	爆炸物,1.3项
9.3	高锰酸钾	过锰酸钾;灰锰氧	7722-64-7	氧化性固体,类别2

续表 2.2

序号	品名	别名	CAS 号	主要的燃爆危险性分类
9.4	高锰酸钠	过锰酸钠	10101-50-5	氧化性固体,类别 2
9.5	硝酸胍	硝酸亚氨脲	506-93-4	氧化性固体,类别 3
9.6	水合肼	水合联氨	10217-52-4	
9.7	2,2-双(羟甲基)1,3-丙二醇	季戊四醇、四羟甲基甲烷	115-77-5	

注:1. 表头中"序号"为《易制爆危险化学品名录》(2017 年版)中化学品的顺序号;"品名"为根据《无机化学命名原则》(1980),《有机化学命名原则》(1980)确定的名称;"别名"为除"品名"以外的其他名称,包括通用名、俗名等;"CAS 号"为 Chemical Abstract Service 的缩写,是美国化学文摘社对化学品的唯一登记号,也是检索化学物质有关信息资料最常用的编号;"主要的燃爆危险性分类"为根据《化学品分类和标签规范》系列标准(GB 30000.2—2013~GB 30000.29—2013)等国家标准,对某种化学品燃烧爆炸危险性进行的分类。

2. 除列明的条目外,无机盐类同时包括无水和含有结晶水的化合物。

3. 混合物之外无含量说明的条目,指该条目的工业产品或者纯度高于工业产品的化学品。

4. 带有 * 标记的类别,指在有充分依据的条件下,该化学品可以采用更严格的类别。

附录3 常见危险化学品的 MSDS

表 3.1 乙醇的 MSDS

标识	中文名:乙醇		英文名:ethyl alcohol	
	分子式:C_2H_6O	分子量:46.07		CAS 号:64-17-5
	危规号:32061			
理化性质	性状:无色液体,有酒香			
	溶解性:与水混溶,可混溶于醚、氯仿、甘油等多数有机溶剂			
	熔点(℃):-114.1	沸点(℃):78.3		相对密度($\rho_水=1$):0.79
	临界温度(℃):243.1	临界压力(MPa):6.38		相对密度($\rho_{空气}=1$):1.59
	燃烧热(kJ/mol):1 365.5	最小点火能(mJ):—		饱和蒸气压(kPa):5.33(19℃)
燃烧爆炸危险性	燃烧性:易燃		燃烧分解产物:一氧化碳、二氧化碳	
	闪点(℃):12		聚合危害:不聚合	
	爆炸下限(%):3.3		稳定性:稳定	
	爆炸上限(%):19.0		最大爆炸压力(MPa):—	
	引燃温度(℃):363		禁忌物:强氧化剂、酸类、酸酐、碱金属、胺类	
	危险特性:易燃,其蒸气与空气可形成爆炸性混合物,遇明火、高热能引起燃烧爆炸。与氧化剂接触发生化学反应或引起燃烧。在火场中,受热的容器有爆炸危险。其蒸气比空气重,能在较低处扩散到相当远的地方,遇明火会引着回燃			
	灭火方法:尽可能将容器从火场移至空旷处。喷水保持火场容器冷却,直至灭火结束。灭火剂包括抗溶性泡沫、干粉、二氧化碳、砂土			
急性毒性	LD_{50} 7060mg/kg(兔经口);7430mg/kg(兔经皮)。 LC_{50} 37 620mg/m³,10h(大鼠吸入)			

续表 3.1

标识	中文名:乙醇		英文名:ethyl alcohol	
	分子式:C_2H_6O	分子量:46.07		CAS 号:64-17-5
	危规号:32061			

对人体危害	侵入途径:吸入、食入、经皮肤吸收。 健康危害:本品为中枢神经抑制剂。首先引起兴奋,随后抑制。 急性中毒:急性中毒多发生于口服。一般可分为兴奋、催眠、麻醉、窒息 4 个阶段。患者进入第 3 阶段或第 4 阶段,出现意识丧失、瞳孔扩大、呼吸不规律、休克、心力循环衰竭及呼吸停止。 慢性影响:在生产中长期接触高浓度本品可引起鼻、眼、黏膜刺激症状,以及头痛、头晕、疲乏、易激动、震颤、恶心等。长期酗酒可引起多发性神经病、慢性胃炎、脂肪肝、肝硬化、心肌损害及器质性神经病等。皮肤长期接触可引起干燥、脱屑、皲裂和皮炎
急救	皮肤接触:脱去被污染的衣着,用流动清水冲洗。 眼睛接触:提起眼睑,用流动清水或生理盐水冲洗。就医。 吸入:迅速脱离现场至空气新鲜处。就医。 食入:饮足量温水,催吐。就医
防护	工程控制:生产过程密闭,全面通风。提供安全淋浴和洗眼设备。 呼吸系统防护:一般不需要特殊防护,高浓度接触时佩戴过滤式防毒面具(半面罩)。 身体防护:穿防静电工作服。 手防护:戴一般作业手套。 其他防护:工作场所禁止吸烟
泄漏处理	迅速撤离泄漏污染区人员至安全区,并进行隔离,严格限制出入。切断火源。建议应急处理人员戴自给式呼吸器,穿消防防护服。尽可能切断泄漏源,防止进入下水道、排洪沟等限制性空间。 小量泄漏:用砂土或其他不燃材料吸附或吸收,也可以用大量水冲洗,洗水稀释后放入废水系统。 大量泄漏:构筑围堤或挖坑收容;用泡沫覆盖,降低蒸气灾害。用防爆泵转移至槽车或专用收集器内,回收或运至废物处理场所处置
储运	包装标志:7。UN 编号:1170。包装分类:Ⅱ。 包装方法:小开口钢桶;小开口铝桶;螺纹口玻璃瓶、铁盖压口玻璃瓶、塑料瓶或金属桶外木板箱。 储运条件:储存在阴凉、通风的仓间内。远离火种、热源,防止阳光直射。包装要求密封,不可与空气接触。应与氧化剂、酸类分开存放。储存间内的照明、通风等设施应采用防爆型,开关设在仓外。配备相应品种和数量的消防器材。禁止使用易产生火花的机械设备和工具。灌装时应注意流速(不超过 3m/s),且有接地装置,防止静电积聚。分装和搬运作业时要注意个人防护,搬运时要轻装轻卸,防止包装及容器损坏。运输时按规定线路行驶

表 3.2 盐酸的 MSDS

标识	中文名:盐酸;氢氯酸		英文名:hrdrochloric acid;chlorohydric acid	
	分子式:HCl	分子量:36.46		CAS 号:7647-01-0
	危规号:81013			
理化性质	性状:无色或微黄色发烟液体、有刺鼻的酸味			
	溶解性:与水混溶,溶于碱液			
	熔点(℃):−114.8(纯)	沸点(℃):108.6(20%)		相对密度($\rho_水=1$):1.20
	临界温度(℃):无意义	临界压力(MPa):无意义		相对密度($\rho_{空气}=1$):1.26
	燃烧热(kJ/mol):无意义	最小点火能(mJ):—		饱和蒸气压(kPa):30.66(21℃)
燃烧爆炸危险性	燃烧性:不燃		燃烧分解产物:氯化氢	
	闪点(℃):无意义		聚合危害:不聚合	
	爆炸下限(%):无意义		稳定性:稳定	
	爆炸上限(%):无意义		最大爆炸压力(MPa):无意义	
	引燃温度(℃):无意义		禁忌物:碱类、胺类、碱金属、易燃物或可燃物	
	危险特性:能与一些活性金属粉末发生反应,放出氢气。遇氰化物能产生剧毒的氰化氢气体。与碱发生中和反应,并放出大量的热。具有较强的腐蚀性			
	灭火方法:消防人员必须佩戴氧气呼吸器、穿全身防护服。可用碱性物质如碳酸氢钠、碳酸钠、氢氧化钠(消石灰)等中和,也可用大量水扑救			
毒性	接触限值:中国 MAC(mg/m³) 15;苏联 MAC(mg/m³) 未制定标准。 美国 TVL-TWA:OSHA $5×10^{-6}$,7.5mg/m³(上限值)。 美国 TLV-STEL:ACGIH $5×10^{-6}$,7.5mg/m³			
对人体危害	侵入途径:吸入、食入。 健康危害:接触其蒸气或烟雾,可引起急性中毒,出现眼结膜炎,鼻及口腔黏膜有烧灼感,鼻衄,齿龈出血,气管炎等。误服可引起消化道灼伤,溃疡形成,有可能引起胃穿孔、腹膜炎等。眼和皮肤接触可致灼伤。 慢性影响:长期接触,引起慢性鼻炎、慢性支气管炎、牙齿酸蚀症及皮肤损害			

续表 3.2

标识	中文名:盐酸;氢氯酸		英文名:hrdrochloric acid;chlorohydric acid	
	分子式:HCl	分子量:36.46		CAS 号:7647-01-0
		危规号:81013		

急救	皮肤接触:立即脱去被污染的衣着。用大量流动清水冲洗至少 15min。就医。 眼睛接触:立即提起眼睑,用大量流动清水或生理盐水彻底冲洗至少 15min。就医。 吸入:迅速脱离现场至空气新鲜处,保持呼吸道通畅。如呼吸困难,给输氧;如呼吸停止,立即进行人工呼吸。就医。 食入:误服者用水漱口,给饮牛奶或蛋清。就医
防护	工程防护:密闭操作,注意通风。尽可能机械化、自动化。提供安全淋浴和洗眼设备。 个人防护:可能接触其烟雾时,佩戴自吸过滤式防毒面具(全面罩)或空气呼吸器。紧急事态抢救或撤离时,建议佩戴氧气呼吸器,穿橡胶耐酸碱服,戴橡胶耐酸碱手套。工作现场严禁吸烟、进食和饮水。工作毕,淋浴更衣。单独存放被毒物污染的衣服,洗后备用。保持良好的卫生习惯
泄漏处理	迅速撤离泄漏污染区人员至安全区,并进行隔离,严格限制出入。建议应急处理人员戴自给正压式呼吸器,穿防酸碱工作服。不要直接接触泄漏物。尽可能切断泄漏源。防止进入下水道、排洪沟等限制性空间。 小量泄漏:用砂土、干燥石灰或苏打灰混合,也可以用大量水冲洗,洗水稀释后放入废水系统。 大量泄漏:构筑围堤或挖坑收容,用泵转移至槽车或专用收集器内回收或运至废物处理场所处置
储运	包装标志:20。UN 编号:1789。包装分类:Ⅰ。 包装方法:螺纹口玻璃瓶、铁盖压口玻璃瓶、塑料瓶或金属桶(罐)外木板箱;耐酸坛、陶瓷罐外木板箱或半花格箱。 储运条件:储存于阴凉、干燥、通风良好的仓间。应与碱类、金属粉末、卤素(氟、氯、溴)、易燃物或可燃物分开存放。不可混储混运。搬运时要轻装轻卸,防止包装及容器损坏。分装和搬运作业时要注意个人防护。运输按规定路线行驶

表 3.3 硫酸的 MSDS

标识	中文名:硫酸		英文名:sulfuric acid	
	分子式:H_2SO_4	分子量:98.08		CAS 号:7664-93-9
	危规号:81007			

理化性质	性状:纯品为无色透明油状液体,无臭		
	溶解性:与水混溶		
	熔点(℃):10.5	沸点(℃):330.0	相对密度($\rho_水=1$):1.83
	临界温度(℃):—	临界压力(MPa):—	相对密度($\rho_{空气}=1$):3.4
	燃烧热(kJ/mol):无意义	最小点火能(mJ):—	饱和蒸气压(kPa):0.13(145.8℃)

燃烧爆炸危险性	燃烧性:不燃	燃烧分解产物:氧化硫
	闪点(℃):无意义	聚合危害:不聚合
	爆炸下限(%):无意义	稳定性:稳定
	爆炸上限(%):无意义	最大爆炸压力(MPa):无意义
	引燃温度(℃):无意义	禁忌物:碱类、碱金属、水、强还原剂、易燃物或可燃物
	危险特性:遇水大量放热,可发生沸溅。与易燃物(如苯)和可燃物(如糖、纤维素等)接触会发生剧烈反应,甚至引起燃烧。遇电石、高氯酸盐、雷酸盐、硝酸盐、苦味酸盐、金属粉末等猛烈反应,发生爆炸或燃烧。有强烈的腐蚀性和吸水性	
	灭火方法:消防人员必须穿全身耐酸碱消防服。灭火剂可用干粉、二氧化碳、砂土。避免用水流冲击物品,以免物品遇水会放出大量热量发生喷溅而灼伤皮肤	

毒性	接触限值:中国 MAC(mg/m^3) 2;苏联 MAC(mg/m^3) 1。 美国 TVL-TWA:ACGIH $1mg/m^3$。美国 TLV-STEL:ACGIH $3mg/m^3$。 急性毒性:LD_{50} 2140mg/kg(大鼠经口);LC_{50} 510mg/m^3,2h(大鼠吸入);320mg/m^3,2h(小鼠吸入)

续表 3.3

标识	中文名：硫酸		英文名：sulfuric acid	
	分子式：H_2SO_4	分子量：98.08		CAS 号：7664-93-9
	危规号：81007			

对人体危害	侵入途径：吸入、食入。 健康危害：对皮肤、黏膜等组织有强烈的刺激和腐蚀作用。蒸气或雾可引起结膜炎、结膜水肿、角膜混浊，甚至失明；引起呼吸道刺激，重者发生呼吸困难和肺水肿；高浓度引起喉痉挛或声门水肿而窒息死亡。口服后引起消化道灼伤以致溃疡形成；严重者可能有胃穿孔、腹膜炎、肾损害、休克等。皮肤灼伤轻者出现红斑，重者形成溃疡，愈后瘢痕收缩影响功能。溅入眼内可造成灼伤，甚至角膜穿孔、全眼炎以至失明。慢性影响：牙齿酸蚀症、慢性支气管炎、肺气肿和肺硬化
急救	皮肤接触：立即脱去被污染的衣着。用大量流动清水冲洗至少 15min。就医。 眼睛接触：立即提起眼睑，用大量流动清水或生理盐水彻底冲洗至少 15min。就医。 吸入：迅速脱离现场至空气新鲜处，保持呼吸道通畅。如呼吸困难，给输氧；如呼吸停止，立即进行人工呼吸。就医。 食入：误服者用水漱口，给饮牛奶或蛋清。就医
防护	工程防护：密闭操作，注意通风。尽可能机械化、自动化。提供安全淋浴和洗眼设备。 个人防护：可能接触其烟雾时，佩戴自吸过滤式防毒面具（全面罩）或空气呼吸器。紧急事态抢救或撤离时，建议佩戴氧气呼吸器，穿橡胶耐酸碱服，戴橡胶耐酸碱手套。工作现场严禁吸烟、进食和饮水。工作毕，淋浴更衣。单独存放被毒物污染的衣服，洗后备用。保持良好的卫生习惯
泄漏处理	迅速撤离泄漏污染区人员至安全区，并进行隔离，严格限制出入。建议应急处理人员戴自给正压式呼吸器，穿防酸碱工作服。不要直接接触泄漏物。尽可能切断泄漏源。防止进入下水道、排洪沟等限制性空间。 小量泄漏：用砂土、干燥石灰或苏打灰混合，也可以用大量水冲洗，洗水稀释后放入废水系统。 大量泄漏：构筑围堤或挖坑收容，用泵转移至槽车或专用收集器内，回收或运至废物处理场所处置
储运	包装标志：20。UN 编号：1830。包装分类：Ⅰ。 包装方法：螺纹口或磨砂口玻璃瓶外木板箱；耐酸坛、陶瓷罐外木板箱或半花格箱。 储运条件：储存于阴凉、干燥、通风良好的仓间。应与易燃物或可燃物、碱类、金属粉末等分开存放，不可混储混运。搬运时要轻装轻卸，防止包装及容器损坏。分装和搬运作业时要注意个人防护

表 3.4 硝酸的 MSDS

标识	中文名:硝酸		英文名:nitric acid	
	分子式:HNO_3	分子量:63.01		CAS 号:7697-37-2
	危规号:81002			
理化性质	性状:无色透明发烟液体,有酸味			
	溶解性:与水混溶			
	熔点(℃):-42(无水)	沸点(℃):86(无水)		相对密度($\rho_水=1$):1.50(无水)
	临界温度(℃):—	临界压力(MPa):—		相对密度($\rho_{空气}=1$):2.17
	燃烧热(kJ/mol):无意义	最小点火能(mJ):—		饱和蒸气压(kPa):4.4(20℃)
燃烧爆炸危险性	燃烧性:不燃		燃烧分解产物:氧化氮	
	闪点(℃):无意义		聚合危害:不聚合	
	爆炸下限(%):无意义		稳定性:稳定	
	爆炸上限(%):无意义		最大爆炸压力(MPa):无意义	
	引燃温度(℃):无意义		禁忌物:还原剂、碱类、醇类、碱金属、铜、胺类	
	危险特性:强氧化剂。能与多种物质如金属粉末、电石、硫化氢、松节油等猛烈反应,甚至发生爆炸。与还原剂、可燃物(如糖、纤维素、木屑、棉花、稻草或废纱头)接触,引起燃烧并散发出剧毒的棕色烟雾。具有强腐蚀性			
	灭火方法:消防人员必须穿全身耐酸碱消防服。 灭火剂:雾状水、二氧化碳、砂土			
毒性				
对人体危害	侵入途径:吸入、食入。 健康危害:其蒸气有刺激作用,引起眼和上呼吸道刺激症状,如流泪、咽喉刺激感,并伴有头痛、头晕、胸闷等。口服引起腹部剧痛,严重者可有胃穿孔、腹膜炎、喉痉挛、肾损害、休克以及窒息。皮肤接触引起灼伤。 慢性影响:长期接触可引起牙齿酸蚀症			

续表 3.4

标识	中文名:硝酸		英文名:nitric acid	
	分子式:HNO_3	分子量:63.01		CAS 号:7697-37-2
		危规号:81002		

急救	皮肤接触:立即脱去被污染的衣着。用大量流动清水冲洗至少 15min。就医。 眼睛接触:立即提起眼睑,用大量流动清水或生理盐水彻底冲洗至少 15min。就医。 吸入:迅速脱离现场至空气新鲜处,保持呼吸道通畅。如呼吸困难,给输氧;如呼吸停止,立即进行人工呼吸。就医。 食入:误服者用水漱口,给饮牛奶或蛋清。就医

防护	工程防护:密闭操作,注意通风。尽可能机械化、自动化。提供安全淋浴和洗眼设备。 呼吸系统防护:可能接触其烟雾时,佩戴自吸过滤式防毒面具(全面罩)或空气呼吸器。紧急事态抢救或撤离时,建议佩戴氧气呼吸器,穿橡胶耐酸碱服,戴橡胶耐酸碱手套。 工作现场严禁吸烟、进食和饮水。工作毕,淋浴更衣。单独存放被毒物污染的衣服,洗后备用。保持良好的卫生习惯

泄漏处理	迅速撤离泄漏污染区人员至安全区,并进行隔离,严格限制出入。建议应急处理人员戴自给正压式呼吸器,穿防酸碱工作服,不要直接接触泄漏物。从上风处进入现场。尽可能切断泄漏源。防止进入下水道、排洪沟等限制性空间。 小量泄漏:将地面撒上苏打灰,然后用大量水冲洗,洗水稀释后放入废水系统。 大量泄漏:构筑围堤或挖坑收容。喷雾状水冷却和稀释蒸气,保护现场人员,把泄漏物稀释成不燃物,用泵转移至槽车或专用收集器内回收或运至废物处理场所处置

储运	包装标志:20。UN 编号:2031。包装分类:Ⅰ。 包装方法:螺纹口玻璃瓶、铁盖压口玻璃瓶、塑料瓶或金属桶(罐)外木板箱;耐酸坛、陶瓷罐外木板箱或半花格箱。 储运条件:储存于阴凉、干燥、通风良好的仓间。应与易燃物或可燃物、碱类、金属粉末等分开存放。不可混储混运。搬运时要轻装轻卸,防止包装及容器损坏。分装和搬运作业时要注意个人防护。运输按规定路线行驶,勿在居民区和人口稠密区停留

表 3.5　高锰酸钾的 MSDS

标识	中文名:高锰酸钾		英文名:potassium permanganate	
	分子式:$KMnO_4$	分子量:158.03		CAS 号:7722-64-7
	危规号:51048			

理化性质	性状:深紫色细长斜方柱状结晶,有金属光泽		
	溶解性:溶于水、碱液,微溶于甲醇、丙酮、硫酸		
	熔点(℃):无资料	沸点(℃):无资料	相对密度($\rho_水=1$):2.7
	临界温度(℃):无意义	临界压力(MPa):无意义	相对密度($\rho_{空气}=1$):无资料
	燃烧热(kJ/mol):无意义	最小点火能(mJ):—	饱和蒸气压(kPa):无资料

燃烧爆炸危险性	燃烧性:不燃	燃烧分解产物:—
	闪点(℃):无意义	聚合危害:不聚合
	爆炸下限(%):无意义	稳定性:稳定
	爆炸上限(%):无意义	最大爆炸压力(MPa):—
	引燃温度(℃):无意义	禁忌物:强还原剂、铝、锌及其合金、易燃物或可燃物
	危险特性:强氧化剂。遇硫酸、铵盐或过氧化氢能发生爆炸。遇甘油、乙醇能引起自燃。与有机物、还原剂、易燃物如硫、磷等接触或混合时有引起燃烧爆炸的危险	
	灭火剂:水、雾状水、砂土	

毒性	急性毒性:LD_{50} 1090mg/kg(大鼠经口);LC_{50} 无资料

对人体危害	侵入途径：吸入、食入。 健康危害:吸入后可引起呼吸道损害。溅落眼睛内,刺激结膜,重者致灼伤。刺激皮肤。浓溶液或结晶对皮肤有腐蚀性。口服腐蚀口腔和消化道,出现口内烧灼感、上腹痛、恶心、呕吐、口咽肿胀等。口服剂量大者,口腔黏膜呈棕黑色、肿胀糜烂,剧烈腹痛,呕吐,血便,休克,最后死于循环衰竭

续表 3.5

标识	中文名:高锰酸钾		英文名:potassium permanganate	
	分子式:$KMnO_4$	分子量:158.03		CAS 号:7722-64-7
		危规号:51048		

急救	皮肤接触:立即脱去被污染的衣着,用大量流动清水冲洗至少 15min。就医。 眼睛接触:立即提起眼睑,用大量流动清水或生理盐水彻底冲洗至少 15min。就医。 吸入:迅速脱离现场至空气新鲜处,保持呼吸道通畅。如呼吸困难,给输氧;如呼吸停止,立即进行人工呼吸。就医。 食入:误服者用水漱口,给饮牛奶或蛋清。就医

防护	工程防护:生产过程密闭,加强通风。提供安全淋浴和洗眼设备。 个人防护:可能接触其粉尘时,建议佩戴头罩型电动送风过滤式防尘呼吸器。 身体防护:穿胶布防毒衣。 手防护:戴氯丁橡胶手套。 其他:工作现场禁止吸烟、进食和饮水。工作毕,淋浴更衣。保持良好的卫生习惯

泄漏处理	隔离泄漏污染区,限制出入。建议应急处理人员戴自给式呼吸器,穿防毒服。不要直接接触泄漏物。 小量泄漏:用砂土、干燥石灰和苏打灰混合,用洁净的铲子收集于干燥、洁净、有盖的容器中,转移至安全场所。 大量泄漏:收集回收或运至废物处理场所处置

储运	包装标志:11。UN 编号:1490。包装分类:Ⅰ。 包装方法:塑料袋、多层牛皮纸袋外全开口钢桶;塑料袋、多层牛皮纸袋外木板箱;螺纹口玻璃瓶、塑料瓶或塑料袋再装入金属桶(罐)或塑料桶(罐)外木板箱。 储运条件:储存于阴凉、通风仓间内。远离火种、热源。防止阳光直射。注意防潮和雨淋。保持容器密封。应与易燃物或可燃物、还原剂、硫、磷、铵化合物、金属粉末等分开存放。切忌混储混运。搬运时要轻装轻卸,防止包装及容器损坏

表 3.6 三氯甲烷的 MSDS

标识	中文名:三氯甲烷;氯仿		英文名:trichloromethane;chloroform	
	分子式:$CHCl_3$	分子量:119.39		CAS 号:67-66-3
	危规号:61553			

理化性质	性状:无色透明重质液体,极易挥发,有特殊气味		
	溶解性:不溶于水,溶于醇、醚、苯		
	熔点(℃):−63.5	沸点(℃):61.3	相对密度($\rho_水=1$):1.50
	临界温度(℃):263.4	临界压力(MPa):5.47	相对密度($\rho_{空气}=1$):4.12
	燃烧热(kJ/mol):无意义	最小点火能(mJ):—	饱和蒸气压(kPa):13.33(10.4℃)

燃烧爆炸危险性	燃烧性:不燃	燃烧分解产物:氯化氢、光气
	闪点(℃):无意义	聚合危害:不聚合
	爆炸下限(%):无意义	稳定性:稳定
	爆炸上限(%):无意义	最大爆炸压力(MPa):无意义
	引燃温度(℃):无意义	禁忌物:碱类、铝
	危险特性:与明火或灼热的物体接触时能产生剧毒的光气。在空气、水分和光的作用下,酸度增加,因而对金属有强烈的腐蚀性	
	灭火方法:消防人员必须佩戴过滤式防毒面具(全面罩)或隔离式呼吸器,穿全身防火防毒服,在上风处灭火。 灭火剂:雾状水、二氧化碳、砂土	

毒性	接触限值:中国 MAC(mg/m³) 20;苏联 MAC(mg/m³)未制定标准。 美国 TVL-TWA:OSHA $50×10^{-6}$(上限值);ACGIH $10×10^{-6}$,49mg/m³。美国 TLV-STEL:未制定标准。 急性毒性:LD_{50} 908mg/kg(大鼠经口);LC_{50} 47 702mg/m³,4h(大鼠吸入)

续表 3.6

标识	中文名:三氯甲烷;氯仿		英文名:trichloromethane;chloroform	
	分子式:$CHCl_3$	分子量:119.39		CAS 号:67-66-3
		危规号:61553		

对人体危害	侵入途径:吸入、食入、经皮吸收。 健康危害:主要作用于中枢神经系统,具有麻醉作用,对心、肝、肾有损害。 急性中毒:吸入或经皮肤吸收引起急性中毒。初期有头痛、头晕、恶心、呕吐、兴奋、皮肤湿热和黏膜刺激症状。之后呈现精神紊乱、呼吸表浅、反射消失、昏迷等症状,重者发生呼吸麻痹、心室纤维性颤动,同时可伴有肝、肾损害。误服中毒时,胃有烧灼感,伴恶心、呕吐、腹痛、腹泻。以后出现麻醉症状。液态可致皮炎、湿疹,甚至皮肤灼伤。 慢性影响:主要引起肝脏损害,并有消化不良、乏力、头痛、失眠等症状,少数有肾损害及嗜氯仿癖
急救	皮肤接触:立即脱去被污染的衣着,用大量流动清水冲洗至少 15min。就医。 眼睛接触:立即提起眼睑,用大量流动清水或生理盐水彻底冲洗至少 15min。就医。 吸入:迅速脱离现场至空气新鲜处,保持呼吸道通畅。如呼吸困难,给输氧;如呼吸停止,立即进行人工呼吸。就医。 食入:饮足量温水,催吐,就医
防护	工程防护:密闭操作,局部排风。 个人防护:空气中浓度超标时,建议佩戴直接式防毒面具(半面罩)。紧急事态抢救或撤离时,佩戴空气呼吸器,戴化学安全防护眼镜,穿防毒物渗透工作服,戴防化学品手套。工作现场禁止吸烟、进食和饮水。工作毕,淋浴更衣。单独存放被毒物污染的衣服,洗后备用。注意个人清洁卫生
泄漏处理	迅速撤离泄漏污染区人员至安全处,并进行隔离,严格限制出入。切断火源。建议应急处理人员戴自给正压式呼吸器,穿防毒服。不要直接接触泄漏物。尽可能切断泄漏源,防止进入下水道、排洪沟等限制性空间。 小量泄漏:用砂土、蛭石或其他惰性材料吸收。 大量泄漏:构筑围堤或挖坑收容。用泡沫覆盖,降低蒸气灾害。用泵转移至槽车或专用收集器内,回收或运至废物处理场所处置
储运	包装标志:14。UN 编号:1888。包装分类:Ⅲ。 包装方法:螺纹口玻璃瓶、铁盖压口玻璃瓶、塑料瓶或金属桶(罐)外木板箱。 储运条件:储存于阴凉、通风仓间内。远离火种、热源。避免光照。保持容器密封。应与氧化剂、食用化学品分开存放。不可混储混运。搬运时要轻装轻卸,防止包装及容器损坏。分装和搬运作业时要注意个人防护。运输时按规定路线行驶

表 3.7 过氧化氢的 MSDS

标识	中文名:过氧化氢;双氧水		英文名:hydrogen peroxide	
	分子式:H_2O_2	分子量:34.01		CAS 号:7722-84-1
	危规号:51001			

理化性质	性状:无色透明液体,有微弱的特殊气味		
	溶解性:微溶于水、醇、醚,不溶于石油醚、苯		
	熔点(℃):−2(无水)	沸点(℃):158(无水)	相对密度($\rho_水=1$):1.46(无水)
	临界温度(℃):—	临界压力(MPa):—	相对密度($\rho_{空气}=1$):—
	燃烧热(kJ/mol):无意义	最小点火能(mJ):—	饱和蒸气压(kPa):0.13(15.3℃)

燃烧爆炸危险性	燃烧性:不燃	燃烧分解产物:氧气、水
	闪点(℃):无意义	聚合危害:不聚合
	爆炸下限(%):无意义	稳定性:稳定
	爆炸上限(%):无意义	最大爆炸压力(MPa):无意义
	引燃温度(℃):无意义	禁忌物:易燃物或可燃物、强还原剂、铜、铁、铁盐、锌、活性金属粉末
	危险特性:爆炸性强氧化剂。过氧化氢本身不燃,但能与可燃物反应放出大量热量和氧气而引起着火爆炸。过氧化氢在 pH 值为 3.5~4.5 时最稳定,在碱性溶液中极易分解,在遇强光,特别是短波射线照射时也能发生分解。当加热到 100℃ 以上时,开始急剧分解。它与许多有机物,如糖、淀粉、醇类、石油产品等形成爆炸性混合物,在撞击、受热或电火花作用下能发生爆炸。过氧化氢与许多有机化合物或杂质接触后会迅速分解而导致爆炸,放出大量的热、氧气和水蒸气。大多数重金属(如铁、铜、银、铅、汞、锌、钴、镍、铬、锰等)及其氧化物和盐类都是活性催化剂,尘土、香烟灰、碳粉、铁锈等也能加速过氧化氢的分解。浓度超过 74% 的过氧化氢,在具有适当的点火源或温度的密闭容器中,会产生气相爆炸	
	灭火方法:消防人员必须穿全身防火防毒服。尽可能将容器从火场移至空旷处。喷水冷却火场容器,直至灭火结束。处在火场中的容器若已变色或从安全泄压装置中产生声音,必须马上撤离。灭火剂:雾状水、干粉、砂土。	

毒性	

续表 3.7

标识	中文名:光氧化氢;双氧水		英文名:hydrogen peroxide	
	分子式:H_2O_2	分子量:34.01		CAS 号:7722-84-1
	危规号:51001			

对人体危害	侵入途径:吸入、食入。 健康危害:本品蒸气或雾对呼吸道有强烈刺激性。眼直接接触液体可致不可逆损伤甚至失明。口服中毒出现腹痛、胸口痛、呼吸困难、呕吐、一时性运动和感觉障碍、体温升高、结膜和皮肤出血。个别者出现视力障碍、癫痫样痉挛、轻瘫,长期接触本品可致接触性皮炎
急救	皮肤接触:立即脱去被污染的衣着,用大量流动清水冲洗皮肤。 眼镜接触:立即提起眼睑,用大量流动清水或生理盐水冲洗至少 15min。就医。 吸入:迅速脱离现场至空气新鲜处,保持呼吸道通畅。如呼吸困难,给输氧;如呼吸停止,立即进行人工呼吸。就医。 食入:饮足量温水,催吐
防护	工程控制:生产过程密闭,全面通风。提供安全淋浴和洗眼设备。 呼吸系统防护:可能接触其蒸气时,应佩戴自吸过滤式防毒面具(全面罩)。 身体防护:穿聚乙烯防毒服。 手防护:戴氯丁橡胶手套。 其他防护:工作场所禁止吸烟。工作毕,淋浴更衣。注意个人清洁卫生
泄漏处理	迅速撤离泄漏污染区人员至安全区,并进行隔离,严格限制出入。建议应急处理人员戴自给正压式呼吸器,穿防酸碱工作服。尽可能切断泄漏源,防止进入下水道、排洪沟等限制性空间。 小量泄漏:用砂土、蛭石或其他惰性材料吸收。也可以用大量水冲洗,洗水稀释后放入废水系统。 大量泄漏:构筑围堤或挖坑收容;喷雾状水冷却和稀释蒸气,保护现场人员,把泄漏物稀释成不燃物。用泵转移至槽车或专用收集器内,回收或运至废物处理场所处置
储运	包装标志:11,20。UN 编号:2015。包装分类:Ⅰ。 包装方法:玻璃瓶、塑料桶外木板箱或半花格箱。 储运条件:储存在阴凉、通风的仓间内。远离火种、热源。仓内温度不宜超过 30℃。防止阳光直射。保持容器密封。应与易燃物或可燃物、还原剂、酸类、金属粉末等分开存放。搬运时要轻装轻卸,防止包装及容器损坏。夏季应早晚运输,防止日光暴晒。禁止撞击和振荡

表 3.8 甲苯的 MSDS

标识	中文名:甲苯		英文名:methylbenzene;toluene	
	分子式:C_7H_8	分子量:92.14		CAS 号:108-88-3
	危规号:32052			

理化性质	性状:无色透明液体,有类似苯的芳香气味		
	溶解性:不溶于水,可混溶于苯、醇、醚等多数有机溶剂		
	熔点(℃):−94.9	沸点(℃):110.6	相对密度($\rho_{水}=1$):0.87
	临界温度(℃):318.6	临界压力(MPa):4.11	相对密度($\rho_{空气}=1$):3.14
	燃烧热(kJ/mol):3 905.0	最小点火能(mJ):2.5	饱和蒸气压(kPa):4.89(30℃)

燃烧爆炸危险性	燃烧性:易燃	燃烧分解产物:一氧化碳、二氧化碳
	闪点(℃):4	聚合危害:不聚合
	爆炸下限(%):1.2	稳定性:稳定
	爆炸上限(%):7.0	最大爆炸压力(MPa):0.666
	引燃温度(℃):535	禁忌物:强氧化剂
	危险特性:易燃,其蒸气与空气可形成爆炸性混合物。遇明火、高热能引起燃烧爆炸。与氧化剂能发生强烈反应。流速过快,容易产生和积聚静电。其蒸气比空气重,能在较低处扩散到相当远的地方,遇明火会引着回燃	
	灭火方法:喷水冷却容器,可能的话将容器从火场移至空旷处,处在火场中的容器若已变色或从安全泄压装置中产生声音,必须马上撤离。灭火剂可用泡沫、干粉、二氧化碳、砂土,用水灭火无效	

毒性	接触限值:中国 MAC(mg/m³) 100;苏联 MAC(mg/m³) 50。
	美国 TVL-TWA:OSHA $200×10^{-6}$,754mg/m³;ACGIH $50×10^{-6}$,188mg/m³。
	美国 TLV-STEL:未制定标准。
	急性毒性:LD_{50} 5000mg/kg(大鼠经口),12 124mg/kg(兔经皮);LC_{50} 20 003mg/m³,8h(小鼠吸入)

续表 3.8

标识	中文名:甲苯		英文名:methylbenzene;toluene	
	分子式:C_7H_8	分子量:92.14		CAS 号:108-88-3
	危规号:32052			

对人体危害	侵入途径:吸入、食入、经皮吸收。 健康危害:对皮肤、黏膜有刺激性,对中枢神经系统有麻醉作用。 急性中毒:短时间内吸入较高浓度本品会出现眼及上呼吸道明显的刺激症状、眼结膜及咽部充血、头晕、头痛、恶心、呕吐、胸闷、四肢无力、步态蹒跚、意识模糊。重症者可有躁动、抽搐、昏迷等症状。 慢性中毒:长期接触可发生神经衰弱综合征,肝肿大,女工月经异常等。皮肤干燥、皲裂,可致皮炎
急救	皮肤接触:脱去被污染的衣着,用肥皂水和清水彻底冲洗皮肤。 眼睛接触:提起眼睑,用流动清水或生理盐水冲洗。就医。 吸入:迅速脱离现场至空气新鲜处,保持呼吸道通畅。如呼吸困难,给输氧;如呼吸停止,立即进行人工呼吸。就医。 食入:饮足量温水,催吐。就医
防护	工程防护:生产过程密闭,加强通风。 个人防护:空气中浓度超标时,佩戴自吸过滤式防毒面具(半面罩)。紧急事态抢救或撤离时,应该佩戴空气呼吸器或氧气呼吸器,戴化学安全防护眼镜,穿防毒物渗透工作服,戴乳胶手套。工作现场禁止吸烟、进食和饮水。工作毕,淋浴更衣。保持良好的卫生习惯
泄漏处理	迅速撤离泄漏污染区人员至安全区,并进行隔离,严格限制出入。切断火源。建议应急处理人员戴自给正压式呼吸器,穿消防防护服。尽可能切断泄漏源,防止进入下水道、排洪沟等限制性空间。 小量泄漏:可用活性炭或其他惰性材料吸收,也可以用不燃性分散剂制成的乳液刷洗,洗液稀释后放入废水系统。 大量泄漏:构筑围堤或挖坑收容;用泡沫覆盖,降低蒸气灾害。用防爆泵转移至槽车或专用收集器内,回收或运至废物处理场所处置
储运	包装标志:7。UN 编号:1294。包装分类:Ⅱ。 包装方法:小开口钢桶,螺纹口玻璃瓶、铁盖压口玻璃瓶、塑料瓶或金属桶(罐)外木板箱。 储运条件:储存于阴凉、通风仓间内。远离火种、热源。仓内温度不宜超过 30 ℃。防止阳光直射。保持容器密封。应与氧化剂分开存放。仓间内的照明、通风等设施应采用防爆型,开关设在仓外。配备相应品种和数量的消防器材。桶装堆垛不可过大,应留墙距、顶距、柱距及必要的防火检查走道。灌储时要有防火防爆技术措施。禁止使用易产生火花的机械设备和工具。灌装时应注意流速(不超过 3m/s),且有接地装置,防止静电积聚。搬运时要轻装轻卸,防止包装及容器损坏

附 录

表 3.9 乙酸乙酯的 MSDS

标识	中文名:乙酸乙酯;醋酸乙酯		英文名:ethyl acetate;acetic ester	
	分子式:$C_4H_8O_2$	分子量:88.10		CAS 号:141-78-6
	危规号:32127			
理化性质	性状:无色澄清液体,有芳香气味,易挥发			
	溶解性:微溶于水、溶于醇、酮、醚氯仿等多数有机溶剂			
	熔点(℃):-83.6	沸点(℃):77.2		相对密度($\rho_\text{水}=1$):0.90
	临界温度(℃):250.1	临界压力(MPa):3.83		相对密度($\rho_\text{空气}=1$):3.04
	燃烧热(kJ/mol):2 244.2	最小点火能(mJ):—		饱和蒸气压(kPa):13.33(27℃)
燃烧爆炸危险性	燃烧性:易燃		燃烧分解产物:一氧化碳、二氧化碳	
	闪点(℃):-4		聚合危害:不聚合	
	爆炸下限(%):2.0		稳定性:稳定	
	爆炸上限(%):11.5		最大爆炸压力(MPa):0.850	
	引燃温度(℃):426		禁忌物:强氧化剂、碱类、酸类	
	危险特性:易燃,其蒸气与空气可形成爆炸性混合物。遇明火、高热能引起燃烧爆炸。与氧化剂接触会猛烈反应。其蒸气比空气重,能在较低处扩散到相当远的地方,遇明火会引着回燃			
	灭火方法:抗溶性泡沫、干粉、二氧化碳、砂土。用水灭火无效,但可用水保持火场中容器冷却			
急性毒性	LD_{50} 5620mg/kg(大鼠经口);4940mg/kg(兔经口)。 LC_{50} 5760mg/m³,8h(大鼠吸入)			
对人体危害	侵入途径:吸入、食入、经皮肤吸收。 对眼、鼻、喉有刺激作用。高浓度吸入可引起进行性麻醉作用,急性肺水肿,肝、肾损害。持续大量吸入,可致呼吸麻痹。误服者可产生恶心、呕吐、腹泻等症状。有致敏作用,因血管神经障碍而致牙龈出血;可致湿疹样皮炎。 慢性影响:长期接触本品有时可致角膜混浊、继发性贫血、白细胞增多等			

续表 3.9

标识	中文名:乙酸乙酯;醋酸乙酯		英文名:ethyl acetate;acetic ester	
	分子式:$C_4H_8O_2$	分子量:88.10		CAS 号:141-78-6
	危规号:32127			

急救	皮肤接触:脱去污染的衣着,用肥皂水和清水彻底冲洗皮肤。 眼睛接触:提起眼睑,用流动清水或生理盐水冲洗。就医。 吸入:迅速脱离现场至空气新鲜处,保持呼吸道通畅。如呼吸困难,给输氧;如呼吸停止,立即进行人工呼吸。就医。 食入:饮足量温水,催吐。就医
防护	工程防护:生产过程密闭,全面通风。提供安全淋浴和洗眼设备。 个人防护:可能接触其蒸气时,应该佩戴自吸过滤式防毒面具(半面罩)。紧急事态抢救或撤离时,建议佩戴空气呼吸器,戴化学安全防护眼镜,穿防静电工作服,戴橡胶手套。工作现场禁止吸烟。工作毕,淋浴更衣。注意个人清洁卫生
泄漏处理	迅速撤离泄漏污染区人员至安全区,并进行隔离,严格限制出入。切断火源。建议应急处理人员戴自给正压式呼吸器,穿消防防护服。尽可能切断泄漏源,防止进入下水道、排洪沟等限制性空间。 小量泄漏:可用活性炭或其他惰性材料吸收,也可以用大量清水冲洗,洗水稀释后放入废水系统。 大量泄漏:构筑围堤或挖坑收容;用泡沫覆盖,降低蒸气灾害;用防爆泵转移至槽车或专用收集器内,回收或运至废物处理场所处置
储运	包装标志:7。UN 编号:1173。包装分类:Ⅱ。 包装方法:小开口钢桶;螺纹口玻璃瓶、铁盖压口玻璃瓶、塑料瓶或金属桶外木板箱。 储运条件:储存于阴凉、通风的仓间内。远离火种、热源。仓间内温度不宜超过 30 ℃。防止阳光直射。保持容器密封。应与氧化剂分开存放。采用防爆型照明、通风等设施。配备相应品种和数量的消防器材。禁止使用易产生火花的机械设备和工具。定期检查是否有泄漏现象。灌装时应注意流速(不超过 3m/s),且有接地装置,防止静电积聚。搬运时轻装轻卸,防止包装及容器损坏

表 3.10 环己酮的 MSDS

标识	中文名:环己酮		英文名:cyclohexanone;ketohexamethylene	
	分子式:$C_6H_{10}O$	分子量:65.38		CAS 号:7740-66-6
	危规号:33590			

理化性质	性状:无色或浅黄色透明液体,有强烈的刺激性臭味		
	溶解性:微溶于水,可混溶于醇、醚、苯、丙酮等多数有机溶剂		
	熔点(℃):-45	沸点(℃):115.6	相对密度($\rho_水=1$):0.95
	临界温度(℃):385.9	临界压力(MPa):4.06	相对密度($\rho_{空气}=1$):3.38
	燃烧热(kJ/mol):无资料	最小点火能(mJ):—	饱和蒸气压(kPa):1.33(38.7℃)

燃烧爆炸危险性	燃烧性:易燃	燃烧分解产物:一氧化碳、二氧化碳
	闪点(℃):43	聚合危害:不聚合
	爆炸下限(%):1.1	稳定性:稳定
	爆炸上限(%):9.4	最大爆炸压力(MPa):无资料
	引燃温度(℃):420	禁忌物:强氧化剂、强还原剂、塑料
	危险特性:易燃,遇高热、明火有引起燃烧的危险。与氧化剂接触会猛烈反应	
	灭火方法:喷水冷却容器,可能的话将容器从火场移至空旷处。 灭火剂:泡沫、干粉、二氧化碳、砂土	

对人体危害	侵入途径:吸入、食入、经皮吸收。 健康危害:本品具有麻醉和刺激作用。 急性中毒:主要表现有眼、鼻、喉黏膜刺激症状和头晕、胸闷、全身无力等症状。重者可出现休克、昏迷、四肢抽搐、肺水肿,最后因呼吸衰竭而死亡。脱离接触后能较快恢复正常。液体对皮肤有刺激性;眼接触有可能造成角膜损害。 慢性影响:长期反复接触可致皮炎

续表 3.10

标识	中文名:环己酮		英文名:cyclohexanone;ketohexamethylene	
	分子式:$C_6H_{10}O$	分子量:65.38		CAS 号:7740-66-6
		危规号:33590		

急救	皮肤接触:脱去被污染的衣着,用肥皂水和清水彻底冲洗皮肤。 眼睛接触:立即提起眼睑,用大量流动清水或生理盐水彻底冲洗至少 15min。就医。 吸入:迅速脱离现场至空气新鲜处。保持呼吸道畅通。如呼吸困难,给输氧;如呼吸停止,立即进行人工呼吸。就医。 食入:饮足量温水,催吐。就医
防护	工程控制:密闭操作。注意通风。 呼吸系统防护:可能接触其蒸气时,应该佩戴自吸过滤式防毒面具(半面罩)。 眼睛防护:戴化学安全防护眼镜。 身体防护:穿防静电工作服。 手防护:戴防苯耐油手套。 其他防护:工作现场严禁吸烟。注意个人清洁卫生。避免长期反复接触
泄漏处理	迅速撤离泄漏污染区人员至安全区,并进行隔离,严格限制出入。切断火源。建议应急处理人员戴自给正压式呼吸器,穿消防防护服。尽可能切断泄漏源,防止进入下水道、排洪沟等限制性空间。 小量泄漏:可用砂土或其他不燃材料吸附或吸收,也可以用大量水冲洗,洗水稀释后放入废水系统。 大量泄漏:构筑围堤或挖坑收容;用泡沫覆盖,降低蒸气灾害;用防爆泵转移至槽车或专用收集器内,回收或运至废物处理场所处置
储运	包装标志:7。UN 编号:1915。包装分类:Ⅲ。 包装方法:小开口钢桶;螺纹口玻璃瓶、铁盖压口玻璃瓶、塑料瓶或金属桶(罐)外木板箱;安瓿瓶外木板箱。 储运条件:储存在阴凉、通风仓间内。远离火种、热源。仓内温度不宜超过 30℃,防止阳光直射。密封包装,不可与空气接触。应与氧化剂分开存放。仓间内的照明、通风等设施应采用防爆型,开关设在仓外。配备相应品种和数量的消防器材。罐储时要有防火防爆技术措施。禁止使用易产生火花的机械设备工具。充装要控制流速,注意防止静电积聚。搬运时要轻装轻卸,防止包装及容器损坏

表 3.11 乙醚的 MSDS

标识	中文名：乙醚		英文名：ethyl ether	
	分子式：$C_4H_{10}O$	分子量：74.12		CAS 号：60-29-7
	危规号：31026			
理化性质	性状：无色透明液体，有芳香气味，极易挥发			
	溶解性：微溶于水，溶于乙醇、苯、氯仿等多数有机溶剂			
	熔点(℃)：−116.2	沸点(℃)：34.6		相对密度($\rho_水=1$)：0.71
	临界温度(℃)：194	临界压力(MPa)：3.61		相对密度($\rho_{空气}=1$)：2.56
	燃烧热(kJ/mol)：2 748.4	最小点火能(mJ)：0.33		饱和蒸气压(kPa)：58.92(20℃)
燃烧爆炸危险性	燃烧性：易燃		燃烧分解产物：一氧化碳、二氧化碳	
	闪点(℃)：−45		聚合危害：不聚合	
	爆炸下限(%)：1.9		稳定性：稳定	
	爆炸上限(%)：36.0		最大爆炸压力(MPa)：—	
	引燃温度(℃)：160		禁忌物：强氧化剂、氧、氯、过氯酸	
	危险特性：其蒸气与空气可形成爆炸性混合物。遇明火、高热极易燃烧爆炸。与氧化剂能发生强烈反应。在空气中久置后能生成具有爆炸性的过氧化物。在火场中，受热的容器有爆炸危险。其蒸气比空气重，能在较低处扩散到相当远的地方，遇明火会引着回燃			
	尽可能将容器从火场移至空旷处。喷水保持火场容器冷却，直至灭火结束。处在火场中的容器若已变色或安全泄压装置发出声音，必须马上撤离。 灭火剂：抗溶性泡沫、二氧化碳、干粉、砂土。用水灭火无效			
毒性	急性毒性：LD_{50} 1215mg/kg(大鼠经口)；LC_{50} 221 190mg/m³，2h(大鼠吸入)。 刺激性：家兔经眼，40mg，重度刺激；家兔经皮开放性刺激试验，500kg，轻度刺激			

续表 3.11

标识	中文名：乙醚		英文名：ethyl ether
	分子式：$C_4H_{10}O$	分子量：74.12	CAS 号：60-29-7
	危规号：31026		

对人体危害	侵入途径：吸入、食入、经皮肤吸收。 健康危害：本品的主要作用为全身麻醉。 急性大量接触：早期出现兴奋，继而嗜睡、呕吐、面色苍白、脉缓、体温下降和呼吸不规则，而有生命危险。急性接触后的暂时后作用有头痛、易激动或抑郁、流涎、呕吐、食欲下降和多汗等。液体或高浓度蒸气对眼有刺激性。 慢性影响：长期低浓度吸入，有头痛、头晕、疲倦、嗜睡、蛋白尿、红细胞增多症。长期皮肤接触，可发生皮肤干燥、皲裂
急救	皮肤接触：脱去被污染的衣着，用大量流动清水冲洗。 眼睛接触：提起眼睑，用流动清水或生理盐水冲洗。就医。 吸入：迅速脱离现场至空气新鲜处，保持呼吸道通畅。如呼吸困难，给输氧；如呼吸停止，立即进行人工呼吸。就医。 食入：饮足量温水，催吐。就医
防护	工程防护：生产过程密闭，全面通风。提供安全淋浴和洗眼设备。 呼吸系统防护：空气中浓度超标时，佩戴过滤式防毒面具(半面罩)。 眼睛防护：必要时，戴化学安全防护眼镜。 身体防护：穿防静电工作服。 手防护：戴橡胶手套。 其他：工作现场严禁吸烟。注意个人清洁卫生
泄漏处理	迅速撤离泄漏污染区人员至安全区，并进行隔离，严格限制出入。切断火源。建议应急处理人员戴自给正压式呼吸器，穿消防防护服。尽可能切断泄漏源，防止进入下水道、排洪沟等限制性空间。 小量泄漏：用活性炭或其他惰性材料吸收。也可以用大量清水冲洗，洗水稀释后放入废水系统
储运	包装标志：7。UN 编号：1155。包装分类：Ⅰ。 包装方法：小开口钢桶；螺纹口玻璃瓶、铁盖压口玻璃瓶、塑料瓶或金属桶(罐)外木板箱。 储运条件：通常商品加有稳定剂。储存于阴凉、通风仓间内。远离火种、热源。仓间温度不宜超过28℃，防止阳光直射。包装要求密封，不可与空气接触。不宜大量久存。应与氧化剂、氟、氯等分仓间存放。储存间内的照明、通风等设施应采用防爆型，开关设在仓外。配备相应品种和数量的消防器材。罐储时要有防火防爆技术措施。禁止使用易产生火花的机械设备和工具。灌装适量，应留有5%的空容积。夏季应早晚运输，防止日光暴晒

表 3.12 氧气的 MSDS

标识	中文名:氧、氧气		英文名:oxygen	
	分子式:O_2	分子量:32.00		CAS号:7782-44-7
	危规号:22001			
理化性质	性状:无色无臭气体			
	溶解性:溶于水、乙醇			
	熔点(℃):-218.8	沸点(℃):-183.1		相对密度($\rho_水=1$):1.14(-183℃)
	临界温度(℃):-118.4	临界压力(MPa):5.08		相对密度($\rho_{空气}=1$):1.43
	燃烧热(kJ/mol):无意义	最小点火能(mJ):—		饱和蒸气压(kPa):506.62(-164℃)
燃烧爆炸危险性	燃烧性:助燃		燃烧分解产物:—	
	闪点(℃):无意义		聚合危害:不聚合	
	爆炸极限(%):无意义		稳定性:稳定	
	引燃温度(℃):无意义		禁忌物:易燃或可燃物,活性金属粉末、乙炔	
	危险特性:是易燃物、可燃物燃烧爆炸的基本要素之一,能氧化大多数活性物质。与易燃物(如乙炔、甲烷等)形成有爆炸性的混合物			
	消防措施:用水保持容器冷却,以防受热爆炸,急剧助长火势,迅速切断气源。用水喷淋保护切断气源的人员,然后根据着火原因选择适当灭火剂灭火			
毒性	接触限值:— 毒理资料:—			
对人体危害	侵入途径:吸入。 健康危害:常压下,当氧的浓度超过40%时,有可能发生中毒。吸入40%~60%的氧时,出现胸骨后不适感、轻咳,进而出现胸闷、胸骨后烧灼感和呼吸困难,咳嗽加剧;严重时可发生肺水肿,甚至出现呼吸窘迫综合征。吸入氧浓度在80%以上时,出现面部肌肉抽搐、面色苍白、眩晕、心动过速、虚脱,继而全身强直性抽搐、昏迷、呼吸衰竭而死亡。长期处于氧分压为60~100kPa(相对于吸入氧浓度40%左右)的条件下可发生眼损害,严重者可失明			

续表 3.12

标识	中文名:氧、氧气		英文名:oxygen	
	分子式:O_2	分子量:32.00		CAS 号:7782-44-7
	危规号:22001			

急救	吸入:迅速脱离现场至空气新鲜处。保持呼吸道通畅。如呼吸困难,给输氧;如呼吸停止,立即进行人工呼吸。就医
防护	工程防护:密闭操作。提供良好的自然通风条件。 个人防护:穿一般作业工作服,戴一般作业防护手套。 其他:避免高浓度吸入
泄漏处理	迅速撤离泄漏污染区人员至上风处,并进行隔离,严格限制出入。切断火源,建议应急处理人员戴自给正压式呼吸器,穿一般作业工作服。避免与可燃物或易燃物接触。尽可能切断泄漏源。合理通风,加速扩散。漏气容器要妥善处理,修复、检验后再用
储运	包装标志:5,11。UN 编号:1072。包装分类:Ⅲ。 包装方法:钢质气瓶。 储运条件:不燃性压缩气体。储存于阴凉、通风仓间内。仓内温度不宜超过 30 ℃。远离火源、热源。防止阳光直射。应与易燃气体、金属粉末分开存放。验收时要注意品名,注意验瓶日期,先进仓的先发用。搬运时轻装轻卸,防止钢瓶及附件破损

表 3.13 二氧化碳的 MSDS

标识	中文名:二氧化碳;碳酸酐		英文名:carbon dioxide	
	分子式:CO_2	分子量:44.01		CAS 号:124-38-9
	危规号:22019			
理化性质	性状:无色无臭气体			
	溶解性:溶于水、烃类等多数有机溶剂			
	熔点(℃):-56.6(527kPa)	沸点(℃):-78.5(升华)		相对密度($\rho_水=1$):1.56(-79℃)
	临界温度(℃):31	临界压力(MPa):7.39		相对密度($\rho_{空气}=1$):1.53
	燃烧热(kJ/mol):无意义	最小点火能(mJ):—		饱和蒸气压(kPa):1 013.25(-39℃)
燃烧爆炸危险性	燃烧性:不燃		燃烧分解产物:—	
	闪点(℃):无意义		聚合危害:不聚合	
	爆炸极限(%):无意义		稳定性:稳定	
	危险特性:若遇高热,容器内压增大,有开裂和爆炸的危险			
	消防措施:本品不燃。切断气源。喷水冷却容器,可能的话将容器从火场移至空旷处			
毒性	接触限值:—			
	毒理资料:—			
对人体危害	侵入途径:吸入。 健康危害:在低浓度时,对呼吸中枢产生兴奋作用,高浓度时则产生抑制甚至麻痹作用。中毒机制中还兼有缺氧的因素。 急性中毒:人进入高浓度二氧化碳环境,在几秒内迅速昏迷倒下,反射消失、瞳孔扩大或缩小、大小便失禁、呕吐等,更严重者出现呼吸停止及休克,甚至死亡。固态(二氧化碳)(干冰)和液态二氧化碳在常压下迅速汽化,能造成-80～-43℃低温,引起皮肤和眼睛严重的冻伤。 慢性影响:经常接触较高浓度的二氧化碳者,可有头晕、头痛、失眠、易兴奋、无力等神经功能紊乱等。但在生产中是否存在慢性中毒国内外均未见病例报道			

续表 3.13

标识	中文名:二氧化碳、碳酸酐		英文名:carbon dioxide	
	分子式:CO_2	分子量:44.01		CAS 号:124-38-9
	危规号:22019			

急救	眼:若有冻伤,就医治疗。 皮肤:若有冻伤,就医治疗。 吸入:迅速脱离现场至空气新鲜处。保持呼吸道通畅。如呼吸困难,给输氧;如呼吸停止,立即进行人工呼吸。就医
防护	工程防护:密闭操作,提供良好的自然通风条件。 呼吸系统防护:一般不需要特殊防护,高浓度接触时可佩戴空气呼吸器。 眼睛防护:一般不需要特殊防护。 身体防护:穿一般作业工作服。 手防护:戴一般作业防护手套。 其他:避免高浓度吸入。进入罐、限制性空间或其他高浓度区作业,须有人监护
泄漏处理	迅速撤离泄漏污染区人员至上风处,并进行隔离,严格限制出入。建议应急处理人员戴自给正压式呼吸器,穿一般作业工作服。尽可能切断泄漏源。合理通风,加速扩散。漏气容器要妥善处理,修复、检验后再用
储运	包装标志:5。UN 编号:1013。包装分类:Ⅲ。 包装方法:钢质气瓶。 储运条件:不燃性压缩气体。储存于阴凉、通风仓间内。仓内温度不宜超过 30 ℃。远离火种、热源。防止阳光直射。应与易燃物或可燃物分开存放。验收时要注意品名,注意验瓶日期,先进仓的先发用。搬运时轻装轻卸,防止钢瓶及附件破损

表 3.14 氢气的 MSDS

标识	中文名:氢;氢气		英文名:hydrogen	
	分子式:H_2	分子量:2.01		CAS 号:1333-74-0
	危规号:21001			
理化性质	性状:无色无臭气体			
	溶解性:不溶于水,不溶于乙醇、乙醚			
	熔点(℃):−259.2	沸点(℃):−252.8		相对密度($\rho_水=1$):0.07(−252℃)
	临界温度(℃):−240	临界压力(MPa):1.30		相对密度($\rho_{空气}=1$):0.07
	燃烧热(kJ/mol):241.0	最小点火能(mJ):0.019		饱和蒸气压(kPa):13.33(−257.9℃)
燃烧爆炸危险性	燃烧性:易燃		燃烧分解产物:水	
	闪点(℃):无意义		聚合危害:不聚合	
	爆炸下限(%):4.1		稳定性:稳定	
	爆炸上限(%):74.1		最大爆炸压力(MPa):0.720	
	引燃温度(℃):400		禁忌物:强氧化剂、卤素	
	危险特性:与空气混合能形成爆炸性混合物,遇热或明火即会发生爆炸。气体比空气轻,在室内使用和储存时,漏气上升滞留屋顶不易排出,遇火星会引起爆炸。氢气与氟、氯、溴等卤素会剧烈反应			
	消防措施:切断气源。若不能立即切断气源,则不允许熄灭正在燃烧的气体。喷水冷却容器,可能的话将容器从火场移至空旷处。 灭火剂:雾状水、泡沫、二氧化碳、干粉			
毒性	接触限值:中国 MAC(mg/m^3) 未制定标准;苏联 MAC(mg/m^3) 未制定标准。 美国 TVL-TWA:ACGIH 窒息性气体。 美国 TLV-STEL:未制定标准			

续表 3.14

标识	中文名:氢;氢气		英文名:hydrogen	
	分子式:H_2	分子量:2.01		CAS 号:1333-74-0
	危规号:21001			

对人体危害	侵入途径:吸入。 健康危害:本品在生理学上是惰性气体,仅在高浓度时,由于空气中氧分压降低才引起窒息。在很高的分压下,氢气可呈现出麻痹作用
急救	吸入:迅速脱离现场至空气新鲜处,保持呼吸道通畅。如呼吸困难,给输氧;如呼吸停止,立即进行人工呼吸。就医
防护	工程防护:密闭系统,通风,防爆电器与照明。 个人防护:一般不需要特殊防护,高浓度接触时可佩戴空气呼吸器。穿防静电工作服。戴一般作业防护手套。 其他:工作现场严禁吸烟。避免高浓度吸入。进入罐、限制性空间或其他高浓度区作业,须有人监护
泄漏处理	迅速撤离泄漏污染区人员至上风处,并进行隔离,严格限制出入。切断火源。建议应急处理人员戴自给正压式呼吸器,穿消防防护服。尽可能切断泄漏源。合理通风,加速扩散。如有可能,将漏出气用排风机送至空旷地方或装设适当喷头烧掉。漏气容器要妥善处理,修复、检验后再用
储运	包装标志:4。UN 编号:1049。包装分类:Ⅱ。 包装方法:钢质气瓶。 储运条件:易燃压缩气体。储存于阴凉、通风仓间内。仓内温度不宜超过 30℃。远离火种、热源。防止阳光直射。应与氧气、压缩空气、卤素(氟、氯、溴)、氧化剂等分开存放。切忌混储混运。储存间内的照明、通风等设施应采用防爆型,开关设在仓外。配备相应品种和数量的消防器材。禁止使用易产生火花的机械设备和工具。验收时要注意品名,注意验瓶日期,先进仓的先发用。搬运时轻装轻卸,防止钢瓶及附件破损

表 3.15 氨水的 MSDS

标识	中文名:氨溶液;氨水		英文名:ammonium hydroxide;ammonia water	
	分子式:NH_4OH	分子量:35.05		CAS 号:1336-21-6
	危规号:82503			
理化性质	性状:无色透明液体,有强烈的刺激性臭味			
	溶解性:溶于水、醇			
	熔点(℃):—	沸点(℃):—		相对密度($\rho_水=1$):0.91
	临界温度(℃):—	临界压力(MPa):—		相对密度($\rho_{空气}=1$):
	燃烧热(kJ/mol):无意义	最小点火能(mJ):—		饱和蒸气压(kPa):1.59(20℃)
燃烧爆炸危险性	燃烧性:不燃		燃烧分解产物:氨	
	闪点(℃):无意义		聚合危害:不聚合	
	爆炸下限(%):无意义		稳定性:稳定	
	爆炸上限(%):无意义		最大爆炸压力(MPa):无意义	
	引燃温度(℃):无意义		禁忌物:酸类、铝、铜	
	危险特性:易分解放出氨气,温度越高,分解速度越快,可形成爆炸性气氛			
	灭火剂:水、雾状水、砂土			
毒性	接触限值:中国 MAC(mg/m^3),未制定标准;苏联 MAC(mg/m^3),未制定标准。 美国 TVL-TWA:未制定标准。 美国 TLV-STEL:未制定标准			
对人体危害	侵入途径:吸入、食入。 健康危害:吸入后对鼻、喉和肺有刺激性,引起咳嗽、气短和哮喘等;重者发生喉头水肿、肺水肿及心、肝、肾损害。溅入眼内可造成灼伤。皮肤接触可致灼伤。口服灼伤消化道。 慢性影响:反复低浓度接触,可引起支气管炎;可致皮炎			

续表 3.15

标识	中文名:氨溶液;氨水		英文名:ammonium hydroxide;ammonia water	
	分子式:NH_4OH	分子量:35.05		CAS 号:1336-21-6
	危规号:82503			

急救	皮肤接触:立即脱去被污染的衣着。用大量流动清水冲洗至少 15min。就医。 眼睛接触:立即提起眼睑,用大量流动清水或生理盐水彻底冲洗至少 15min。就医。 吸入:迅速脱离现场至空气新鲜处,保持呼吸道通畅。如呼吸困难,给输氧;如呼吸停止,立即进行人工呼吸。就医。 食入:误服者用水漱口,给饮牛奶或蛋清。就医
防护	工程防护:严加密闭。提供充分的局部排风和全面通风。提供安全淋浴和洗眼设备。 个人防护:可能接触其蒸气时,应该佩戴导管式防毒面具或直接式防毒面具(半面罩)。戴化学安全防护眼镜,穿防酸碱工作服,戴橡胶手套。工作现场严禁吸烟、进食和饮水。工作毕,淋浴更衣。保持良好的卫生习惯
泄漏处理	迅速撤离泄漏污染区人员至安全区,并进行隔离,严格限制出入。建议应急处理人员戴自给正压式呼吸器,穿防酸碱工作服。不要直接接触泄漏物。尽可能切断泄漏源。防止进入下水道、排洪沟等限制性空间。 小量泄漏:可用砂土、蛭石或其他惰性材料吸收,也可以用大量水冲洗,洗水稀释后放入废水系统。 大量泄漏:构筑围堤或挖坑收容;用泵转移至槽车或专用收集器内;回收或运至废物处理场所处置
储运	包装标志:20。UN 编号:2672。包装分类:Ⅲ。 包装方法:小开口钢桶;螺纹口玻璃瓶、铁盖压口玻璃瓶、塑料瓶或金属桶(罐)外木板箱。 储运条件:储存于阴凉、干燥,通风良好的仓间。远离火种、热源,防止阳光直射。保持容器密封。应与酸类、金属粉末等分开存放。露天贮罐夏季要有降温措施。分装和搬运作业要注意个人防护。搬运要轻装轻卸,防止包装及容器损坏。运输时按规定路线行驶,勿在居民区和人口稠密区停留

附录4　高等学校实验室安全规范

教科信厅函〔2023〕5号

第一章　总则

第一条　为了进一步加强高校实验室安全工作,有效防范和消除安全隐患,最大限度减少实验室安全事故,保障校园安全、师生生命安全和学校财产安全,根据《中华人民共和国安全生产法》《中华人民共和国消防法》《生产安全事故报告和调查处理条例》等国家法律法规,结合高校实际情况,制定本规范。

第二条　本规范中高校实验室,是指隶属于高校从事教学、科研等实验实训活动的场所及其所属设施。

第三条　高校实验室建设和使用应认真贯彻落实国家各项安全相关法律法规,保障实验活动安全有序进行。

第四条　高校实验室安全工作应坚持"安全第一、预防为主、综合治理"的方针,实现规范化、常态化管理体制,重点落实安全责任体系、管理制度、教育培训、安全准入、条件保障,以及危险化学品等危险源的安全管理内容。

第二章　实验室安全责任体系

第五条　校级安全责任体系

(一)学校应统筹管理实验室安全工作,把实验室安全工作纳入学校事业发展规划。

(二)学校实验室安全管理工作坚持"党政同责,一岗双责,齐抓共管,失职追责"原则。党政主要负责人是第一责任人,分管实验室工作的校领导是重要领导责任人,协助第一责任人负责实验室安全工作,其他校领导在分管工作范围内对实验室安全工作负有支持、监督和指导职责。

(三)设立校级实验室安全工作领导机构,并明确人员和分工。

(四)明确实验室安全主管职能部门、其他相关职能部门和二级教学科研单位(以下统称二级单位)实验室安全管理的职责,建立健全全员实验室安全责任制,配备足额的专职安全人员。

(五)与各相关二级单位签订实验室安全责任书。

(六)建立健全项目风险评估与管控机制,尤其要依托现代技术手段加强信息化建设,构建实验室安全全周期管理工作机制。

(七)建立健全实验室安全教育培训与准入体系。

(八)建立健全实验室安全分级分类管理体系。

(九)建立实验室安全隐患举报制度,公布实验室安全隐患举报邮箱、电话、信箱等。

第六条 二级单位安全责任体系

(一)二级单位党政负责人是实验室安全工作主要领导责任人。

(二)二级单位应明确分管实验室安全的班子成员和各实验室安全管理人员。

(三)与所属各实验室负责人签订安全责任书。

(四)结合自身实际情况和学科专业特点,有针对性地建立实验室安全教育培训与准入制度。

(五)定期开展实验室安全各类隐患检查,对隐患整改实行闭环管理。

(六)建立应急预案,定期进行培训和实施演练。

第七条 实验室安全责任体系

(一)实验室负责人是本实验室安全工作的直接责任人,应严格落实实验室安全准入、隐患整改、个人防护等日常安全管理工作,切实保障实验室安全。

(二)项目负责人(含教学课程任课教师)是项目安全的第一责任人,须对项目进行危险源辨识和风险评估,并制定防范措施及现场处置方案。

(三)实验室负责人应指定安全员,负责本实验室日常安全管理。

(四)实验室负责人应与相关实验人员签订安全责任书或承诺书。

第八条 安全工作奖惩机制

(一)强化学校主体责任,根据"谁使用、谁负责,谁主管、谁负责"原则,把责任落实到岗位或个人。

(二)学校应将实验室安全工作纳入内部检查、日常工作考核和年终考评内容。对在实验室安全工作中成绩突出的单位和个人给予表彰和奖励;对履职尽责不到位的个人和所在单位,应予以批评和惩处,情节严重的追究其法律责任。

(三)发生实验室安全事故后,依法依规开展事故调查,严肃追究责任单位及责任人的事故责任。

第三章 实验室安全管理制度

第九条 学校和二级单位应建立健全实验室安全管理办法和制度,出台规范性文件,确保具有可操作性和实际管理效应,并充分考虑学科专业特点和实验用途,及时修订更新。

第十条 实验室安全管理制度主要包括以下方面。

(一)安全检查制度:对实验室开展"全员、全过程、全要素、全覆盖"的定期安全检查,核查安全制度、责任体系、安全教育落实情况和设备设施存在的安全隐患,实行问题排查、登记、报告、整改、复查的"闭环管理"。

(二)安全教育培训与准入制度:进入实验室学习或工作的所有人员应先进行安全知识、安全技能和操作规范培训,掌握设备设施、防护用品正确使用的技能,考核合格后方可进入实验室进行实验操作。

(三)项目风险评估与管控制度:凡涉及重要危险源,即有毒有害化学品(剧毒、易制爆、易制毒、爆炸品等)、危险气体(易燃、易爆、有毒、窒息)、动物及病原微生物、辐射源及射线装置、同位素及核材料、危险性机械加工装置、强电强磁与激光设备、特种设备等的教学、科研项目,应经过风险评估后方可开展实验活动。对存在重大安全隐患的项目,在未切实落实安全保障前,不得开展实验活动。

(四)危险源全周期管理制度:应对重要危险源进行采购、运输、储存、使用、处置等全流程全周期管理。采购和运输应选择具备相应资质的单位和渠道,储存要有专门储存场所并严格控制数量,使用时应由专人负责发放、回收和详细记录,实验后产生的废物应统一收储并依法依规科学处置。应对危险源进行风险评估,建立重大危险源安全风险分布档案和数据库,并制定危险源分级分类处置方案。

(五)安全应急制度:学校、二级单位和实验室应建立应急预案和应急演练制度,定期开展应急知识学习、应急处置培训和应急演练,保障应急人员、物资、装备和经费,保证应急功能完备、人员到位、装备齐全、响应及时。应定期检查实验防护用品与装备、应急物资的有效性。

(六)实验室安全事故上报制度:出现实验室安全事故后,学校应立即启动应急预案,采取措施控制事态发展,同时在 1 小时内如实向所在地党委、政府及其相关部门和高校主管部门报告情况,并抄报教育部,不得迟报、谎报、瞒报和漏报,并根据事态发展变化及时续报。

第四章　实验室安全教育培训、宣传

第十一条　开展教育培训活动

(一)学校每年开展面向全校教职工和学生的安全教育培训活动,并存档记录。

(二)学校和二级单位开展结合学科专业特点的应急演练,并对演练内容、参加人数、效果评价等进行有效记录。

(三)学校和二级单位根据实验需要,开展专业安全培训活动,并组织安全培训考试,新入职的教职工、新入学的学生均应参加并通过考试,对培训与考试进行有效记录。

(四)实验室应对进入实验室的人员进行操作工艺、设备使用、试剂或气体管理等标准操作规程的培训和评估,并记录存档。

第十二条　涉及重要危险源的高校应设置有学分的实验室安全课程或将安全准入教育培训纳入培养环节。

第十三条　加大安全教育宣传力度,提高师生安全意识。学校和二级单位应按照"全员、全面、全程"的要求,创新宣传教育形式,开展安全宣传、经验交流等活动,建设有特色的安全文化。

第五章　实验室教学、科研活动安全准入制度

第十四条　开展涉及重要危险源的教学、科研活动(包括学生实验课程、毕业设计、教师科研项目、自主立项研究、学科竞赛实验课程等)之前,项目负责人(含教学课程任课教师)应对实验项目在实验室实施过程中所涉及的内容进行危险源辨识、风险评估和控制,制定现场处置方案,指导有关人员做好安全防护;新录用人员在签订合同后、进入实验室前,应获得实验室准入资格。

第十五条 项目负责人(含教学课程任课教师)应针对本项目特点制定具体的安全管理措施和安全教育方案,对参与本项目的学生和工作人员等进行全员安全培训,依法履行安全告知义务。

第十六条 学生的研究选题,应包含针对开展实验研究所涉及安全风险的分析、防控和应急处置措施等内容并通过审查,或者单独就该选题进行安全分析并通过审查。

第十七条 进入实验室学习或工作的所有人员均应遵守实验室安全准入制度和安全管理制度,取得准入资格后,再严格按照实验操作规程或实验指导书开展实验。

第十八条 学校、二级单位或实验室应与进入实验室的相关方或外来人员签订合同或安全协议,明确双方的安全职责。

第六章 实验室安全条件保障

第十九条 经费保障

(一)学校每年做好实验室安全常规经费预算,保障安全工作正常运行。

(二)学校应有专项经费投入实验室建设,同时确保安全隐患整改工作及时落实。

(三)二级单位通过多元化投入,加强实验室安全建设与管理。

第二十条 物资与设施保障

(一)高校加强安全物资保障,配备必要的安全防护设施和器材,建立能够保障实验人员安全与健康的工作环境。

(二)实验室配备合适的消防设施,并定期开展使用训练。

(三)存在受到化学和生物伤害可能的区域,配置应急喷淋和洗眼装置。

(四)重点场所安装门禁和监控设施,并有专人管理。

第二十一条 加强队伍建设,有充足的人力保障

(一)学校根据实验室安全工作的实际情况和需求配备专职实验室安全管理人员,并不断提高其素质和能力。推进专业安全队伍建设,保障队伍稳定和可持续发展。

(二)学校和二级单位分别设立实验室安全督查队伍,定期开展安全检查,并提供检查报告和整改意见。实验室安全督查队伍可由在职教师、实验技术人员(含退休返聘人员)及校外专家组成。

(三)实验室安全管理相关负责人应接受实验室安全管理培训后上岗,并定期轮训。

第二十二条 实验室建筑安全保障实验室工程项目(新建、改建、扩建、维修以及装修等)在论证、立项、建设以及验收时,应当依法依规进行,并通过学校实验室安全职能部门组织的审核后,方可实施。

第七章 实验室危险化学品安全管理

第二十三条 危险化学品须向具有生产经营许可资质的单位购买;剧毒化学品、易制毒化学品、易制爆化学品、麻醉药品和第一类精神药品、爆炸品等购买前须经学校审批,报公安部门批准或备案后,向具有经营许可资质的单位购买,并保留报批及审批记录;麻醉药品、精

神药品等购买前还须向药品监督管理部门申请,报批同意后向定点供应商采购。

第二十四条 对危险化学品建立动态管理台账,实验室设置专用存放空间并科学有序存放,存放的危险化学品总量符合规定要求,并按照化学试剂性质分类规范存放,化学品(含配制试剂)标签应完整清晰。

第二十五条 管制化学品的安全管理须符合治安管理要求,严格执行各项规定。剧毒化学品执行"五双"管理(即双人验收、双人保管、双人发货、双把锁、双本账),单独存放、不得与易燃、易爆、腐蚀性物品等一起存放,有专人管理并做好贮存、领取、发放情况登记,登记资料至少保存1年,防盗等技防措施符合管制要求;易制毒化学品应设置专用存储区或者专柜储存并有防盗措施,其中第一类易制毒化学品、药品类易制毒化学品实行双人双锁管理,账册保存期限不少于2年;易制爆化学品存量合规,设立专用存储区或者专柜储存并有防盗与防爆措施,符合双人双锁管理要求;麻醉药品和第一类精神药品应当有专用账册,设立专用存储区或者专柜储存,专用存储区与专柜的防盗等技防措施符合管制要求,实行双人双锁管理;爆炸品单独隔离、限量存储,使用、销毁按照公安部门要求执行。

第二十六条 进口危险化学品应当向国务院安全生产监督管理部门负责危险化学品登记的机构办理危险化学品登记。

第二十七条 学校应建有危险品存储区、化学实验废物贮存站,对化学实验废物集中定点存放。

第二十八条 建立化学实验危废管理制度,按要求制定实验危废管理计划并报生态环境部门备案;委托有相应危险废物经营许可证的单位,对实验危废进行清运、处置。

第八章 附 则

第二十九条 对因违反国家法律法规、违反学校安全管理相关规定、操作失误、未履行安全管理职责等造成实验室安全责任事故、事件的,将进行严肃追责问责,具体参照高校实验室安全事故事件追责问责相关办法。

第三十条 高校应根据本规范,结合本校实际情况,制定各项具体实施办法。各类实验室要符合国家行业相关实验室标准。

第三十一条 本规范自发布之日起施行。

附录 5 常见实验室安全标识

附 录

禁止攀登 　　禁止靠近 　　禁止入内 　　禁止跳下

禁止通行 　　禁止跨越 　　禁止停留 　　禁止混放

禁止穿化纤服装 　　禁止锁闭 　　禁止堆放 　　禁止酒后上岗

警告标识

注意安全　　当心火灾　　当心触电　　当心有毒气体

| 当心扎脚 | 当心烫伤 | 当心落物 | 当心绊倒 |

当心腐蚀　　　当心吊物　　　当心滑跌　　　当心伤手

当心机械伤人　当心坠落　　　当心中毒　　　当心夹手

当心有害气体中毒　当心碰头　　当心高温表面　当心电离辐射

附 录

当心微波　　　　　当心感染　　　　当心蒸气和热水　　　当心爆炸

指令标识

必须穿戴防护用品　　必须保持清洁　　　必须戴安全帽　　　必须戴防毒面具

必须戴防尘口罩　　　必须戴防护帽　　　必须戴防护耳器　　必须戴防护眼镜

必须用防护屏　　　　必须穿防护服　　　必须戴防护手套　　必须穿防护鞋

必须加锁　　　必须用防护装置　　必须穿戴绝缘保护用品

提示标识

急救点　　　紧急停止开关　　　紧急出口　　　喷淋洗眼器